继续(网络)教育系列规划教材

荣获全国高校现代远程教育协作组评比"网络教育教材建设金奖"

公共经济学

Gonggong Jingjixue

主 编 臧文君 张超

西南财经大学出版社
Southwestern University of Finance &
Economics Press

中国·成都

继续（网络）教育系列规划教材
编审委员会

总 序

随着全民终身学习型社会的逐渐建立和完善，业余继续（网络）学历教育学生对教材的质量要求越来越高。为了进一步提高继续（网络）教育的人才培养质量，帮助学生更好地学习，依据西南财经大学继续（网络）教育人才培养目标、成人学习的特点及规律，西南财经大学继续（网络）教育学院和西南财经大学出版社共同规划，依托学校各专业学院的骨干教师资源，致力于开发适合继续（网络）学历教育学生的高质量优秀系列规划教材。

西南财经大学继续（网络）教育学院和西南财经大学出版社按照继续（网络）教育人才培养方案，编写了专科及专升本公共基础课、专业基础课、专业主干课和部分选修课教材，以完善继续（网络）教育教材体系。

本系列教材的读者主要是在职人员，他们具有一定的社会实践经验和理论知识，个性化学习诉求突出，学习针对性强，学习目的明确。因此，本系列教材的编写突出了基础性、职业性、实践性及综合性。教材体系和内容结构具有新颖、实用、简明、易懂等特点，对重点、难点问题的阐述深入浅出、形象直观，对定理和概念的论述简明扼要。

为了编好本套系列规划教材，在学校领导、出版社和各学院的大力支持下，成立了由学校副校长、博士生导师杨丹教授任主任，博士生导师冯建教授以及继续（网络）教育学院陈顺刚院长和唐旭辉研究员任副主任，其他部分学院领导参加的编审委员会。在编审委员会的协调、组织下，经过广泛深入的调查研究，制定了我校继续（网络）教育教材建设规划，明确了建设目标。

在编审委员会的协调下，组织各学院具有丰富继续（网络）教育教学经验并有教授或副教授职称的教师担任主编，由各书主编组织成立教材编写团队，确定教材编写大纲、实施计划及人员分工等，经编审委员会审核每门教材的编写大纲后再进行编写。自2009年启动以来，经几年的打造，现已出版了七十余种教材。该系列教材出版后，社会反响较好，获得了教育部网络教育教材建设评比金奖。

下一步根据教学需要，我们还将做两件事：一是结合转变教学与学习范式，按照理念先进、特色鲜明、立体化建设、模块新颖的要求，引进先进的教材编写模块来修订、完善已出版的教材；二是补充部分新教材。

希望经多方努力，力争将此系列教材打造成适应教学范式转变的高水平教材。在此，我们对各学院领导的大力支持、各位作者的辛勤劳动以及西南财经大学出版社的鼎力相助表示衷心的感谢！在今后教材的使用过程中，我们将听取各方面的意见，不断修订、完善教材，使之发挥更大的作用。

西南财经大学继续（网络）教育学院
2014 年 12 月

前　言

　　公共经济学是一门新兴学科，是公共管理教育的核心课程。在西南财经大学继续（网络）教育学院的大力支持下，我们精心编写了这本教材。

　　为了让读者能从总体上了解和把握公共经济学，除导论外，本书将公共经济学的研究内容框架划分为九个方面的内容：公共部门、公共产品、公共选择、公共支出、公共收入、税收、公共债务、政府间财政关系和公共经济政策。本书注重理论与实践相结合，力求做到科学性、实用性和相对稳定性的统一。

　　本书内容全面、简洁、系统，既可供本科生、专科生以及成人教育使用，也可以作为从事公共事业管理或其他社会工作的人士了解公共经济现象与基础理论的教学材料或参考资料。

　　本书由臧文君（西南财经大学教师、管理学硕士）、张超（西南财经大学教师、经济学在读博士）担任主编。具体分工如下：臧文君编写第一章至第七章，张超编写第八章至第十章。

　　编写本教材时，我们参考了大量的同类教材和专著，在此向有关作者表示诚挚的谢意。本教材的出版得到了西南财经大学出版社的鼎力支持，有关工作人员付出了辛勤的劳动，在此谨致衷心的谢忱。由于时间仓促，加之作者水平有限，虽尽力工作，但教材中的不足与谬误之处在所难免，诚望广大读者批评指正。

臧文君　张超

目 录

第 1 章 导论

本章学习目标：

· 准确把握公共经济学的含义、研究内容；
· 基本了解公共经济学的产生背景和发展历程；
· 熟练掌握公共经济学的研究方法。

公共经济学是一门研究以政府为主要代表的公共部门经济活动的学科。其主要研究内容包括公共部门是什么、公共部门必须做什么、公共部门应该怎样做等问题。

1.1 公共经济学是什么

1.1.1 公共经济学的含义

传统西方经济学把社会经济主体分为私人部门和公共部门两大类。其中，私人部门是指个人、家庭和私人所拥有的企事业单位，以收益最大化为前提和目标；公共部门是指政府及其所属部门，以全社会的公平、公正为前提和目标。无论是私人部门还是公共部门，都以各自的方式参与并影响着经济的发展，但是它们的活动方式和目的又有所不同。一般来讲，私人部门主导的经济活动被我们称为市场经济。公共经济是相对于市场经济而言的，是公共部门为增进社会福利，通过政府调控而进行的经济活动的总称。

公共经济学（Public Economics），又称公共部门的经济学（Public Sector Economics），是研究公共部门的经济行为，是描述和分析公共部门的经济活动的一门学科。由于政府是公共部门中最主要的代表，因此，公共经济学通常又称政府经济学。

1.1.2 公共经济学的研究内容

当我们界定好公共经济学的含义之后，还需要进一步理解公共经济学的研究内容。截至目前，国内外学术界对公共经济学的研究内容众说纷纭，差距甚大。一般来讲，公共经济学主要从以下三个方面研究以政府为主要代表的公共部门在经济生活中的作用：

（1）弄清政府参与了哪些活动以及这些活动是如何组织起来的；（2）尽可能理解和预测政府这些活动的全部结果；（3）评价政府的政策，包括评价的标准和政策目标等。

具体来讲，了解公共经济学的研究内容框架，可以帮我们有效地总揽本门课程。依据上述关于公共经济学研究内容的讨论，除开导论，本书将公共经济学的研究内容框架划分为九个方面的内容：公共部门、公共产品、公共选择、公共支出、公共收入、税收、公共债务、政府间财政关系和公共经济政策。

为了让读者能从总体上了解和把握公共经济学，本书的第一章将首先介绍公共经济学是什么、公共经济学的研究内容、公共经济学的产生与发展，以及公共经济学的研究方法。

公共经济主要通过公共部门主导，由公共部门制定和实施经济政策来发挥作用。因此，经济中的公共部门也是公共经济学研究的起点。在导论之后的第二章，本书随即对经济中的公共部门展开研究。我们首先介绍了混合经济，厘清了公共部门和私人部门的区别，介绍了公共部门的经济职能，紧接着分析了公共部门的经济活动，并特别阐述了公共部门的缺陷——政府失灵。

合理且有效地向社会提供公共产品以解决市场失灵问题是公共部门的基本职责，因此，公共产品理论被认为是公共经济学的核心理论。公共部门必须做什么，公共部门应该怎样做都是围绕公共产品而展开的。本书的第三章首先介绍了公共产品的含义、特征和分类，列举了两种重要的公共产品，然后在此基础上分析了公共产品的最优供给理论，最后进一步探讨了公共产品的供给模式。

选择是经济学永恒的研究课题。公共经济学视角下，公共选择理论的核心内容就是研究如何决定公共产品的问题。本书的第四章首先介绍了公共选择理论的产生与发展、研究方法和研究内容，然后详细地阐述了直接民主制下的公共选择和间接民主制下的公共选择，最后讨论了公共选择下的寻租。

公共部门经济职能的履行和作用的发挥依赖公共支出活动来实现，公共支出是公共经济学的核心内容之一。本书的第五章在简要介绍了公共支出的含义、特征和分类之后，重点阐述了公共支出规模的含义和测量、公共支出增长理论，以及公共支出结构的含义、影响因素和优化，最后详细介绍了公共支出效益分析的几种重要方法。

公共收入是公共支出的经济来源，以政府为主要代表的公共部门的正常运转必须有公共收入才能保证。因此，公共收入也是公共经济学的核心内容之一。本书的第六章除了介绍公共收入的含义、分类和统计口径外，还详细地讨论了公共收入规模的含义、测量和影响因素，以及公共收入结构的含义和优化。

现代经济中，税收是公共收入最重要的来源。本书的第七章在介绍收入含义、特征、构成要素和分类的基础上，重点介绍了税收原则理论的产生与发展，最后详细阐述了收入负担转嫁与归宿的含义、方式和影响因素。

公共债务（公债）是公共部门在税收之外取得收入的一种特殊形式，也是调节经济的一种重要手段。本书的第八章首先简要介绍了公债的含义、特征、作用和分类，紧接着详细介绍了公债规模的含义和测量，最后重点阐述了公债的发行与偿还，并分析了公债的负担与风险。

公共部门的主体是政府，而在绝大多数国家，政府不是单一层级，而是存在着多层级的。公共经济学的一个重大课题，就是研究如何厘清不同层级政府间的财政关系，从而有效地提升政府宏观调控的能力。本书的第九章研究的主要问题有财政分权理论、分税制和政府间转移支付。

任何政府在行使其经济职能时，都离不开制定公共经济政策，并且要借助一定的公共经济政策工具。本书的最后一章，即第十章，在概述了公共经济政策含义和目标之后，详细介绍了一些主要的公共经济政策工具，并在此基础上分析了公共经济政策如何发挥作用；最后以专题的形式重点介绍了我国目前正在大力施行的公共经济政策实践。

1.2　公共经济学的产生与发展

公共经济学是经济学中相对年轻但又发展最迅速的分支之一，围绕公共部门的经济活动这一主线，经历了 200 多年的产生与发展。

公共经济学由财政学发展演变而来，20 世纪 50 年代以前，研究公共部门经济问题的著作都以财政学冠名。英国经济学家亚当·斯密（Adam Smith）在他 1776 年出版的经济学巨著《国富论》中，讨论了"支出""收入"和"公债"的问题，并以其独到的见解，基本确立了西方早期财政学的理论框架。

20 世纪 50 年代，美国经济学家保罗·萨缪尔森（Paul A. Samuelson）的《公共支出的纯理论》以及理查德·阿贝尔·马斯格雷夫（Richard Abel Musgrave）的《公共财政学理论：公共经济研究》的相继发表和出版，标志着公共经济学作为一门学科正式诞生。此后，大多数著名的经济家如马丁·费尔德斯坦（Martin Feldstein）、约瑟夫·斯蒂格利茨（Joseph E. Stiglitz）、安东尼·巴恩斯·阿特金森（Anthony Barnes Atkinson）、彼德·M. 杰克逊（Peter M. Jackson）等纷纷将著作中的公共财政学改称为公共经济学或公共部门经济学，公共经济学逐渐发展为一门独立的经济学科。20 世纪 80 年代，公共经济学理论被西方经济学界广为接受。

20 世纪 90 年代，随着我国经济社会的发展，公共经济学也悄然兴起，中国经济学界对其进行了广泛研究。早期的研究成果主要有上海三联书店在 1992 年翻译出版的安东尼·巴恩斯·阿特金森和约瑟夫·斯蒂格利茨共同著作的《公共经济学》、白景明于 1994 年编著出版的《公共经济》、刘庆旺等于 1999 年编著出版的《公共经济学大辞典》等。进入 21 世纪后，公共经济学在中国的研究得到了进一步发展，研究中国公共经济问题的著作不断地涌现出来，如齐守印的《中国公共经济学体制改革和公共经济学论纲》。随着公共经济问题的凸显，公共经济学在中国也将迎来难得的发展机遇。

1.3　公共经济学的研究方法

公共经济学作为经济学的一个分支，就要遵循经济学的研究方法。

1.3.1　实证分析与规范分析相结合

实证分析，即用统计计量方法对经济数据进行处理的分析方法，刻画的是对经济变量之间的关系，回答的问题是"是什么""将会怎样"以及理论假设是否被证实或被证伪。规范分析，它所要解决的问题是"应该是什么"，通常按照特定的价值判断，提出行为标准，并以此作为处理经济问题和制定经济政策的依据，探讨如何才能找到符合这些标准的分析和研究方法。

公共经济学的研究需要将实证分析和规范分析相结合。通过实证分析，可能揭示出公共经济学中最基本的问题如效率、公平、福利的增加与损失等。通过规范分析则可以给公平与效率的关系处理、公共产品的提供方式、政府的经济职能等问题提供明确的答案。

1.3.2　归纳分析与演绎分析相结合

归纳分析，就是指从特殊到一般，从对很多个别经验或事实的考察分析中找出答案，并通过观察事实来证明一个理论是否正确。其得出的结论不可能是全面、真实的，仅仅是一个概率问题。演绎分析，就是指从一般到特殊，它需要有作为演绎前提的假设。而归纳分析正是找寻最佳假设的方法。公共经济学的研究需要归纳分析和演绎分析的互补。通常通过归纳事实或借助逻辑来提出假设，并通过逻辑演算进行演绎，来找出各概念之间的联系。

1.3.3　成本-效益分析

公共经济学也经常用到成本-效益分析法。成本-效益分析方法是美国经济学家尼古拉斯·卡尔德（Nicolas Calder）和约翰·希克斯（John Hicks）通过对前人的理论加以提炼而形成的。一般来讲，成本-效益分析作为一种经济决策方法，将成本费用分析运用于公共部门的计划决策之中，以寻求如何以最小的成本获得最大的效益。常用于评估需要量化社会效益的公共事业项目的价值。在公共经济学研究中，成本-效益分析中的成本多指机会成本。

1.3.4　博弈论

博弈论，主要研究决策主体的行为发生直接相互作用时的决策以及这种决策的均衡问题。博弈论在公共经济学中得到了广泛的应用。公共经济学作为研究公共部门经济活动的科学，涉及人与人之间、社会集团与社会集团之间的经济关系。公共经济学的出发点是要使社会福利达到最大化，在利益最大化的同时又不影响公共产品生产和供给的效率。为此，就需要公共部门运用博弈论的观点处理好在资源有限状况下的合理配置问题。

总结提要

1. 公共经济学（Public Economics），又称公共部门的经济学（Public Sector Economics），是研究公共部门的经济行为，描述和分析公共部门的经济活动的一门学科。由于政府是公共部门中最主要的代表，因此，公共经济学通常又称为政府经济学。

2. 公共经济学的研究内容主要包括：①弄清政府参与了哪些活动以及这些活动是如何组织起来的；②尽可能理解和预测政府这些活动的全部结果；③评价政府的政策，包括评价的标准和政策目标等。

3. 公共经济学作为经济学的一个分支，就要遵循经济学研究方法。

其研究方法主要有：①实证分析与规范分析相结合；②归纳分析与演绎分析相结合；③成本-效益分析；④博弈论。

复习思考题

1. 公共经济学的研究对象有哪些？
2. 简要评述公共经济学的发展演变脉络。
3. 公共经济学在中国面临的发展机遇和挑战有哪些？
4. 公共经济学的研究主要采用哪些研究方法？
5. 试述公共经济学对现实经济分析指导的理论与实践意义。

第 2 章　经济中的公共部门

本章学习目标:

- 基本了解混合经济的含义、构成;
- 准确把握公共部门的含义和经济职能;
- 基本了解公共部门的经济活动。

现代经济是市场经济和公共经济共同构成的混合经济,私人部门和公共部门通过各自的经济活动以及互动,实现整个经济中的资源优化配置。其中,公共部门主要通过主导公共经济、制定和实施经济政策来发挥作用。

2.1　公共部门与私人部门

由私人部门主导的市场经济与公共部门主导的公共经济是现代经济中不可或缺的要素,分别提供着不同类别的产品和服务,从而满足私人需求和公共需求,在促进经济发展与社会进步方面发挥着不同的作用。市场经济和公共经济相融合,形成了混合经济。

公共经济学中的公共部门指从事公共经济活动的组织,其主要代表是政府,包括传统意义上的各级政府及其所属部门,还有国防、教育、社会保险、医疗卫生和公用事业等公共组织。纵观当前世界,大多数国家的政府是多级结构,一般包括三个层级:中央政府、次中央政府和地方政府。公共部门在混合经济中占有相当大的比重,而且发挥着非常重要的作用。

相对于公共部门,私人部门指个人、家庭和私人所拥有的企事业单位。在混合经济中,私人部门主要作为提供商品与服务的厂商和作为购买商品和服务的消费者出现,按照私人利益最大化的原则进行经营决策、投资决策和消费决策。事实证明,以私人利益最大化为前提做出的决策无法满足资源配置的最优化,这个时候就出现了市场失灵。市场失灵是指市场无法或难以有效率地配置资源,主要以外部性、垄断、信息不对称等形式出现。

公共部门与私人部门的根本区别,在于以何种机制作为最基础性的组织方式。公共部门主要依托公共权力,通过自上而下的行政命令来组织社会经济活动。而私人部门是以市场的自愿原则和自发秩序来组织社会经济活动。公共部门伴随着人类社会产生,并不是混合经济的产物。因此,以弥补市场失灵来解释公共部门存在的必要性并不恰当。但是，这确实可以为我们理解公共部门在混合经济中的角色和作用，提供一个有益的视角。公共部门的存在并发挥适当的作用，是混合经济良好发展的基本条件。

　　本书接下来提到的公共部门、政府和国家在概念的使用上基本上是相同的，可以相互替代。因为政府是公共部门的主要代表，又是国家机器和国家机构中最主要的组织部分。

2.2　公共部门的经济职能

　　在混合经济中，公共部门与私人部门通过分工与合作实现经济发展与社会进步。那么，在混合经济中公共部门应该发挥什么样的经济职能呢？国际上对公共部门的经济职能的表述不尽相同，主要是因为不同国家在历史、经济发展阶段等方面存在差异。但是总体来讲，混合经济中，公共部门的经济职能主要体现在以下四个方面：

2.2.1　弥补市场失灵

　　市场失灵是公共经济学中的关键词之一。判断市场失灵的具体标准是帕累托效率，即是否存在其他生产上可行的配置，使得该经济中的所有个人至少和他们在初始情况中一样良好，而且至少有一个人的情况比初始时更好，那么这个资源配置就是帕累托最优。如果不存在帕累托效率，则市场是失灵的。在以市场机制为资源配置主要方式的经济社会中，公共部门在纠正和克服市场失灵方面扮演了重要角色，充当“看不见的手”。

2.2.2　合理配置资源

　　资源配置职能，是指公共部门如何进行资源配置。具体来讲，合理配置资源，是指公共部门运用一定的机制，通过引导形成一定的资产结构、产业结构以及技术结构和地区结构，实现资源的优化配置。

2.2.3　促进分配公平

　　收入分配职能，是指公共部门在国民分配中，通过调节国民收入在政府、企业和个人等分配主体之间的比例，实现分配的公平合理的职能。促进分配公平，主要是指公共部门纠正市场经济的自发性和盲目性带来的国民收入分配不公。

2.2.4　稳定经济发展

　　经济发展职能，是指公共部门通过税收、公共债务、转移支付和投资等政策手段，实现充分就业、物价稳定和国际收支平衡的长期稳定状态的职能。稳定经济发展的主要内容有：促进社会总供求平衡、抑制通货膨胀、提供社会保障和促进国际收支平衡等。

专栏：四川省将建统一的公共资源交易平台

2016 年 6 月底前省市县基本完成平台整合。

各市（州）政府整合建立本地区统一的公共资源交易平台，县级政府不再新设平台，将已设立的平台整合为市级平台的分支机构。

依托四川省级电子政务云，整合建立统一规范、终端覆盖全省的公共资源电子交易公共服务系统，统一信息发布、公告公示和专家抽取服务。

"2016 年 6 月底前，省、市、县政府基本完成公共资源交易平台整合工作。" 日前，省政府办公厅印发《四川省整合建立统一的公共资源交易平台实施方案》（以下简称《方案》），要求整合分散设立的工程建设项目招标投标、土地使用权和矿业权出让、国有产权交易、政府采购等交易平台，并设定了整合时间表。2017 年 6 月底前，将在全省范围内形成规则统一、公开透明、服务高效、监督规范的公共资源交易平台体系，基本实现公共资源交易全过程电子化。

统一的公共资源交易平台由政府推动建立，对资源的整合包括平台层级、信息系统、场所资源、专家资源、交易事项等多方面。省政务服务和资源交易服务中心为省本级公共资源交易综合性服务平台，各市（州）政府整合建立本地区统一的公共资源交易平台，县级政府不再新设公共资源交易平台，已经设立的应整合为市级公共资源交易平台的分支机构。

在信息系统整合方面，要求依托四川省级电子政务云，整合建立统一规范、终端覆盖全省各级公共资源交易平台的公共资源电子交易公共服务系统，统一信息发布、公告公示和专家抽取服务，对接各类市场主体信用管理体系并与国家电子交易公共服务系统互联互通，实现资源共享。同时，鼓励电子交易系统市场化竞争。《方案》还要求，整合公共资源交易评标专家和评审专家资源，建立全省统一的公共资源交易综合专家库。积极参与专家资源及专家信用信息全国范围内互联共享，加快推进专家远程异地评标、评审。评标或评审时，应当采取随机方式确定专家，任何单位和个人不得以明示、暗示等方式指定或者变相指定专家。同时，我省将编制省、市（州）《公共资源交易目录》，被列入目录的公共资源交易项目，原则上必须被纳入公共资源交易平台集中交易。

西南财大财税学院副院长李建军表示，建立统一的公共资源交易平台，有利于防止公共资源交易碎片化，降低交易成本，形成统一开放、竞争有序的现代市场体系，同时可促进公共资源交易操作阳光化，强化对行政权力的监督制约。

资料来源：陈松、陈岩. 四川省将建统一的公共资源交易平台 [N]. 四川日报，2015-01-05（2）.

2.3　公共部门的经济活动

现代经济发展的要求和公共部门自身的特点决定了公共部门的经济活动方式与

特点。

2.3.1　主要方式

公共部门的经济活动主要包括直接活动和间接活动，具体的手段有税收、公债、政府购买和转移支付等。

直接活动是指公共部门通过行政命令，运用政府权力直接参与资源配置，以及指挥私人部门的决策和活动，是凌驾于市场机制之上的一种经济活动。

间接活动是指公共部门利用市场机制引导私人部门的决策和活动，从而间接地影响市场的决策。主要依靠公共部门所掌握的资源数量以及与市场的博弈。

2.3.2　公共部门的缺陷——政府失灵

经济证据表明，分散决策的私人部门会产生市场失灵，而集中决策的公共部门同样会产生失灵，即所谓政府失灵。政府失灵也称政府失效，是指政府的活动或干预措施缺乏效率，从而使得政府的决策和行为不但不能弥补市场失灵，反而加剧了市场失灵。

1. 政府失灵的原因

政府失灵是一种客观存在，可能是由政府自身内在的缺点引起，也可能是由政府经济活动失误所导致。具体来讲，政府失灵的原因主要包括以下几个方面：

（1）缺乏足够的信息。任何经济活动的合理性与正确性必须以足够的信息为前提。私人部门信息不足是市场失灵的表现之一。同样，政府也不可能对变化迅速的经济生活掌握充分的信息，也就不可能对其做出的调控决策进行充分的经济分析与论证。另外，即便政府获得了足够的信息，这些信息也未必就是真实有用的，同样会造成政府决策失灵。

（2）缺乏相应的竞争。市场中的私人部门在提供产品或服务时存在激烈的竞争，需要时刻考虑成本和利润。与此相对照，政府在经济活动中不存在竞争对象，没有利润的概念。其结果是政府在提供公共产品时所支付的成本超出了社会本应支付的成本。因此，政府虽抱着弥补市场失灵的初衷，而实际上往往加剧了市场失灵，从而导致政府失灵。

（3）缺乏合理的约束和监督。私人部门由于受众多制度规则制约，其经济活动会很规范和谨慎；而政府所受的约束比私人部门少，因此，更容易出现决策失误，从而导致政府干预失灵。政府在公共产品的活动中，一般没有客观的标准来检验监督。因此，政府在缺乏有力监督的前提下，其政策和行为或直接或间接地有利于自身的利益，而不是体现真正的社会公众利益，从而导致政府失灵。

（4）存在时滞效应。政府对经济活动的干预，取决于所要干预的客观经济形势。当客观经济形势发生急剧变化后，需要及时地做出决策，并快速地影响外部。所以，这里的时滞既包括政府内部做出决策所花费的时间，也包括决策行为对外部影响的时间。但是，政府经济活动中种种经济社会变化和各种突发事件的出现，会阻碍政府贯彻既定政策，使政府达不到预期目标，干预滞后，或出现政策的时滞效应，导致政府失灵。

另外，造成政府失灵的原因还有国际环境、政府官员能力有限等因素。

2. 政府失灵的治理——公共部门改革

实践表明，政府在履行其经济职能时的表现并不总是令人满意。只要政府存在，政府失灵就会相应存在。政府失灵的存在以及危害，激发了人们对公共部门改革的思考。

直到现在，世界各国仍对公共部门持续不断地进行着改革。概括起来，主要从以下几个方面着手：

（1）合理有效地界定政府和市场的边界。政府与市场作用的范围和领域应有一个有效的边界，才可以发挥各自的作用和效率。合理有效地界定政府和市场的边界，就是合理确定政府和市场的活动领域、适度规模，使其与国家的政治体制、经济体制、经济发展阶段、人口数量和质量、自然资源等基本国情相适应。同时，还要正确处理中央政府与地方政府的关系，做好二者事权和财权的划分。

（2）提升政府的决策科学化程度和工作效率。政府对经济社会干预的成败在很大程度上取决于其决策和工作效率。需要根据现代经济的内在要求和客观规律，建立科学的决策程序和决策系统，建立和健全政府决策行为的评估、反馈和激励惩罚机制。同时，把竞争机制和利润意识引入政府，对政府的财政收入和支出进行相应地约束。

（3）发展新型的公私部门伙伴关系。公私部门合作关系的最早形式就是 BOT（Build-Operate-Transfer），在 20 世纪 80 年代初期由土耳其首先在基础设施建设项目中采用；随后，澳大利亚、英国、葡萄牙、意大利、希腊、荷兰和爱尔兰等国家也广泛运用公私合作关系模式；此外，公私部门合作关系在美国、加拿大以及众多的发达国家和发展中国家的基础设施建设、公共服务和社会服务等项目中得到广泛而充分的运用。公私部门关系模式的最大特点是：将私人部门引入公共领域，从而提高了公共设施服务的效率和效益。当下比较常见的公私部门伙伴关系也称政府和社会资本合作模式（PPP 模式），是指公共部门与私人部门合作过程中，让私人部门所掌握的资源参与到提供公共产品的过程中，从而实现合作各方达到比预期单独行动更为有利的结果。PPP 模式虽然有其优势，但也存在风险和劣势，这里不再赘述。

总结提要

1. 现代经济是市场经济和公共经济共同构成的混合经济。由私人部门主导的市场经济与公共部门主导的公共经济是现代经济中不可或缺的要素，分别提供着不同类别的产品和服务，从而满足私人需求和公共需求。市场经济和公共经济融合而成了混合经济，在促进经济发展与社会进步方面发挥着不同的作用。

2. 公共经济学中的公共部门指从事公共经济活动的组织，其主要代表是政府，包括传统意义上的各级政府及其所属部门，还有国防、教育、社会保险、医疗卫生和公用事业等公共组织。纵观当前世界，大多数国家的政府是多级结构，一般包括三个层级：中央政府、次中央政府和地方政府。公共部门在混合经济中占有相当大的比重，而且发挥着非常重要的作用。

3. 混合经济下，公共部门的经济职能主要体现在以下四个方面：①弥补市场失灵；②合理配置资源；③促进分配公平；④稳定经济发展。

4. 公共部门的经济活动主要包括直接活动和间接活动，具体的手段有税收、公债、政府购买和转移支付等。直接活动是指公共部门通过行政命令，运用政府权力直接参与资源配置，并指挥私人部门的决策和活动，是凌驾于市场机制之上的一种经济活动。间接活动是指公共部门利用市场机制引导私人部门的决策和活动，从而间接地影响市场的决策。

5. 政府失灵也称政府失效，是指政府的活动或干预措施缺乏效率，从而使得政府的决策和行为不但不能弥补市场失灵，反而加剧了市场失灵。

6. 政府失灵的存在以及危害，激发了人们对公共部门改革的思考。概括起来，主要从以下几个方面着手：①合理有效地界定政府和市场的边界；②提升政府的决策科学化程度和工作效率；③发展新型的公私部门伙伴关系。

7. 当下比较常见的公私部门伙伴关系也称政府和社会资本合作模式（PPP 模式），是指公共部门与私人部门合作过程中，让私人部门参与提供公共产品，从而实现合作各方达到比预期单独行动更为有利的结果。

复习思考题

1. 如何理解公共经济和私人经济在促进经济发展与社会进步方面发挥的不同作用？
2. 公共部门的经济职能有哪些？具体内容是什么？
3. 公共部门促进分配公平的措施有哪些？结合中国发展现实讨论这个问题。
4. 试述政府失灵的原因及如何治理。

第 3 章 公共产品

本章学习目标:

- 准确把握公共产品的含义、特征和分类;
- 熟练掌握公共产品供给均衡分析的主要方法;
- 基本了解公共产品的供给模式。

公共产品是公共经济学关注的核心内容之一。合理且有效地向社会提供公共产品以解决市场失灵问题是公共部门的基本职责。

3.1 公共产品概述

现代经济背景下,人们需要越来越丰富的产品和服务。一般来讲,按照产品属性和特征的不同,可以将全社会的产品和服务分为公共产品和私人产品两大类。公共产品主要满足公众的集体需求,私人产品主要满足个体的私人需求。

3.1.1 公共产品的含义

公共产品,又被称为公共品、公共物品等。在关于公共产品含义的众多探讨中,影响最广泛的当属美国经济学家曼瑟尔·奥尔森(Mancur Olson)和保罗·萨缪尔森给出的界定。曼瑟尔·奥尔森在他的著作《集体行动的逻辑》一书中对公共产品的定义是:任何物品,如果一个集团(X_1, …, X_i, …, X_n)中的任何个人(X_i)能够消费它,它就不能适当地排斥其他人对该产品的消费,它就是公共产品。保罗·萨缪尔森对公共产品的界定是:无论每个人是否愿意购买它们,它们带来的好处不可分割地散布到整个社区里。随后,保罗·萨缪尔森在《公共支出的纯理论》一文中,又更进一步对公共产品做出了界定,认为公共产品就是每个人对该产品的消费都不会减少其他人对该产品的消费。

本书认为,公共产品主要指那些同时具有非排他性和非竞争性的产品或服务。一般来讲,公共产品由公共部门供给,用来满足社会公共需要。

3.1.2 公共产品的特征

公共产品具有许多不同于私人物品的特征,理解这些特征有助于我们更好地理解公共部门的作用以及有效供应公共产品所面对的困难。通过上面的定义,公共产品需要同时满足两个主要特征：非排他性和非竞争性。

1. 非排他性

非排他性是指产品或服务一旦被提供出来，就不可能排除任何人对它的不付代价的消费。而私人产品则必须是具有排他性的。因为只有具有排他性的产品或服务，消费者才会付费，生产者才会供给。

2. 非竞争性

非竞争性是指产品或服务一旦被提供出来，增加一个人的消费不会减少任何其他人的消费。同时，也不会增加社会成本，其新增消费者使用该产品的边际成本为零。以国防为例，在一个国家范围内提供的国防服务，不会因为增加一个人口，而影响到原有人口享受国防安全保障。

除了非排他性和非竞争性的两个主要特征外，公共产品还具有一些其他的特征：

一是不可分割性。公共产品是面向整个社会提供的，可以实现集体共享，而不能将其分割成若干部分，分别归某些个人享用。比如国防、法律等。

二是自然垄断性。在现实生活中，不难发现，许多公共产品都是自然垄断产品，比如水、电、天然气等。

三是正的外部性。公共产品可以同时使不止一个人获得收益，这个特征往往导致私人部门在提供公共产品时会出现供给不足的问题。

3.1.3 公共产品的分类

根据对公共产品特征的分析，我们可以将公共产品划分成纯公共产品和准公共产品。

1. 纯公共产品

如果一种产品或服务同时完全满足非排他性和非竞争性，就是纯公共产品。在现实中，这类纯公共产品很少，国防和义务教育是典型的例子。这类纯公共产品消费者数量很多，个人偏好差异很小。

2. 准公共产品

在现实中，准公共产品更为常见。准公共产品就是指不能同时完全满足非排他性和非竞争性，只能满足非排他性和非竞争性中的一个特征的产品或服务。因此，准公共产品具有类似私人产品的某些特征。高速公路就是典型的例子：不能完全满足非竞争性，当行驶在路上的车辆足够多时就会出现竞争（拥挤）问题；也不能完全满足非排他性，设立收费站就是一种常见的办法。

根据准公共产品所具有的两个基本特征的不同组合，可以将准公共产品进一步划分为：

（1）公共资源，即具有非排他性与竞争性的公共产品。比较典型的公共资源有空气、水和公共沙滩等。以公共沙滩为例，随着游客的不断增加，沙滩将变得愈加拥挤，会导致游客的满足感和舒适度大幅下降，因为沙滩的使用是具有竞争性的。一方面，公共资源与纯公共产品一样，总量是既定的，具有向任何人开放的非排他性；另一方面，公共资源的竞争性会带来负的外部性，即对公共资源的消费超过一定限度之后，会出现"拥挤"问题。公共资源的经典案例就是"公地悲剧"。

（2）俱乐部产品，即具有排他性与非竞争性的公共产品。比较典型的俱乐部产品有收费的高速公路、公园等。此类准公共产品具有排他性，通过限定名额，将不具备资格的成员排除在外，即对外排他，对内共享。以收费的高速公路为例，虽然在消费上具有非竞争性，但需要付费才能享用，从而达到排他性。

与纯公共产品不同，社会公众对准公共产品的个人偏好的差异很大。现实生活中，公共产品大多数为准公共产品，虽然政府承担了此类产品或服务的供给责任，但也为私人部门发挥市场机制作用留出了一定空间。

3.1.4 举例：一些重要的公共产品

我们每天的生活中，会接触到形形色色的公共产品。接下来我们对两种最重要的公共产品举例说明。

1. 国防建设

国防建设指的是出于国家安全利益需要，提高国防能力而进行的各方面的建设。国防的主体是国家，其效用惠及全国人民，属于典型的公共产品。亚当·斯密最早提出"国防"作为公共产品的典型例子。他在《国富论》中对政府职能界定为三项："保护社会免受其他独立社会的暴行的侵略，尽可能保护社会的每一个成员免于社会每一个其他成员的不公正和压迫行为的伤害，建立和维持公共机构、公共工程"，即国防、警察和公共工程。2015 年 5 月 26 日，《中国的军事战略》白皮书发布，指出"随着国力不断增强，中国军队将加大参与国际维和、国际人道主义救援等行动的力度，在力所能及范围内承担更多国际责任和义务，提供更多公共安全产品"。这是首次提出"公共安全产品"这一概念。作为一个崛起中的大国，中国有责任也有义务向有关地区、有关国家提供公共安全产品，以维护共同安全。

2. 扶贫计划

贫困是一个世界性的问题，在我国，政府一直是扶贫事业中的主导力量。从公共经济学的角度来看，"市场失灵"和"政府失灵"问题在扶贫新形势下更加突出，"扶贫"的公共产品的属性更加重要。习近平总书记在 2013 年 11 月于湖南湘西考察时，首次提出了"精准扶贫"，即"扶贫要实事求是，因地制宜。要精准扶贫，切忌喊口号，也不要定好高骛远的目标"。在 2020 年完成"全面建成小康社会"的宏伟目标，是中共十八大根据中国经济社会实际做出的重大决策，扶贫、脱贫则是"全面建成小康社会"的重要一环。从公共产品供给的角度研究政府与社会组织在精准扶贫领域中的合作，对双方的优势、合作经验进行总结，是今后公共经济学研究的一个重要方向。

3.2 公共产品的最优供给

西方经济学的基本理论表明，在市场经济中，私人产品的最优供给（市场均衡）条件是满足价格（P）＝边际成本（MC），也就是供求曲线的交点所对应的均衡价格和均衡数量。在均衡条件下，资源得到最优配置，供给正好满足需求，达到最优供给。那么公共产品的最优供给应该如何确定呢？

公共产品供给均衡分析的主要方法有庇古均衡、局部均衡和林达尔均衡等。

3.2.1　庇古均衡

英国经济学家阿瑟·赛西尔·庇古（Arthur Cecil Pigou）在研究税收的原则时提出了资源如何在私人产品与公共产品之间进行最优配置的问题。他将个人假设为理性而诚实的人，从而研究个人应该如何行动。他从基数效用论出发，假设效用可以比较大小并可以求导，认为每个人在消费公共产品时都可以得到一定的正效用。同时，由于每个人都必须为支付这种公共产品而纳税，因而又会产生负效用。庇古把这种负效用定义为个人放弃消费私人产品的机会成本。在以上假设的基础上，庇古经过推导后得出了这样的结论：对于每个人来说，公共产品的最优供给将发生在这样一点上，即公共产品消费的边际效用等于税收的边际负效用。这就是庇古均衡。

关于这一点我们可以用数学公式做进一步的推导：设 G_i 为个人 i 得到的公共产品；T_i 为个人 i 支付该公共产品的税收；M_i 为个人 i 的收入；X_i 为个人 i 所得到的消费品；U_i 为个人 i 得到的效用；NU_i 为个人 i 的净效用。假定 $T_i = G_i$，即没有政府的运作成本。根据庇古的定义，便有：

$$\frac{\partial U_i}{\partial G_i} > 0, \ \frac{\partial U_i}{\partial T_i} < 0$$

$$\max NU_i = U_i(G_i) - U_i(T_i)$$

$$\text{s.t } G_i + X_i P_i = M_i$$

根据拉格朗日函数，上式可以表示为：

$$S = U_i(G_i) - U_i(T_i) + \lambda(M_i - G_i - P_i X_i)$$

其一阶条件分别为：

$$\frac{\partial L}{\partial G_i} = \frac{\partial U_i}{\partial G_i} - \lambda = 0$$

$$\frac{\partial L}{\partial T_i} = \frac{\partial U_i}{\partial T_i} - \lambda = 0$$

$$\text{由于} \frac{\partial L}{\partial G_i} = \frac{\partial L}{\partial T_i} = 0,$$

$$\text{所以} \frac{\partial U_i}{\partial G_i} = \frac{\partial U_i}{\partial T_i}。$$

3.2.2　局部均衡

公共产品具有与私人产品不同的特征，因而公共产品具有和私人产品不同的需求曲线和供给曲线。

对私人产品进行局部均衡分析可以得知，私人产品的市场需求是对不同个人需求的水平加总。因为,在私人产品那里,每个人是价格的接受者,他能调整的只是产品的需求数量。

而在公共产品的局部均衡分析中,假设市场中只有单个公共产品。公共产品一旦被提供,则对每个人来说都可等量使用。虽然每个人所能使用的是同样数量的公共产品,但他所愿意支付的价格是不一样的。如果要获得支付公共产品价格的市场总意愿,则需要把不同个人的需求线垂直进行纵向加总,即公共产品的总需求等于个人需求的垂直加总。在公共产品的供给曲线确定以后,与总需求曲线的交点决定公共产品的最优供给。

3.2.3 林达尔均衡

1919 年,瑞典经济学家埃里克·罗伯特·林达尔(Erik Robert Lindahl)从另一角度对公共产品的最优供给进行了分析。林达尔提出了两个假设前提:一是每个人都愿意准确地公布自己可以从公共产品的消费中获得的边际效益,而不会隐瞒或低估其边际效益,从而逃避自己应分担的税收;二是每个人对其他人的偏好以及收入状况十分清楚,甚至清楚地了解任何一种公共产品可以给彼此带来的真实的边际效益,因此不会有隐瞒个人边际效益的可能。最后,他认为如果每个人都按照其所获得的公共产品的边际效益的大小,来支付自己应当分担的公共产品的税收,则公共产品的供给就可以达到最佳或高效率的配置,这被称为林达尔均衡。

3.3 公共产品的供给模式

按照公共产品供给主体角度的不同,可以划分出以下三种公共产品供给模式:

3.3.1 公共部门供给模式

公共部门供给模式就是指政府直接或者间接地介入公共产品生产。从亚当·斯密到保罗·萨缪尔森,他们都认为政府是公共产品天然的、惟一的供给者。1954 年,保罗·萨缪尔森发表了《公共支出的纯理论》,揭示了公共产品与市场机制之间的矛盾,揭示了公共产品的特征,从而为人们从产品属性角度判断公共产品的公共性提供依据。总体来说,政府供给公共产品是为了解决市场失灵问题。公共部门供给公共产品的种类主要有国防、文教、卫生、经济、科技等领域的基础设施等。

3.3.2 私人部门供给模式

随着人们对私人在公共产品供给中的作用的进一步认识,以及现实中政府提供公共产品存在的政府失灵,私人部门供给公共产品问题越来越受到重视。公共经济学认为,私人部门供给公共产品需要三个方面的条件:一是私人部门供给的公共产品一般应是准公共产品。准公共产品具有规模小、成本低、涉及的消费者数量有限等特点,可以通过市场方式提供。二是在公共产品的消费上必须具备完善的排斥性技术,即可以将不付费者排斥在消费者以外。三是政府必须提供一系列制度保障，最主要的是产权安排。私人部门供给公共产品种类主要有慈善机构、私人医院等。

3.3.3 公共部门与私人部门合作供给模式

纯粹的公共部门供给公共产品和纯粹的私人部门供给公共产品是公共产品供给的两个极端情况，现实生活中，公共产品供给呈现出多主体、多中心的混合供给模式。

20 世纪 90 年代初，西方国家掀起新公共管理改革浪潮，政府和市场合作的公共产品供给模式的发展如火如荼。其中 PPP（公共部门与私人部门合作）模式大受推崇且运行机制不断完善，在公共产品供给中的作用日益凸现。与前两种纯粹的公共产品供给模式相比较，PPP 供给模式的优点在于，可以在公共部门与私人部门之间建立起一种长期的风险共担、利益共享的合作机制，双方作为平等的主体，依靠契约维系。通过 PPP 模式，可以吸引私人部门资本进入公共产品供给领域，推动混合所有制改革，充分利用私人部门的市场活力、专业管理优势，提高公共产品的供给效率。私人部门供给公共产品种类主要有城市轨道交通、污水处理、垃圾处理项目等。

专栏：北京地铁四号线

我国 PPP 模式的上一波热潮始于申奥成功后的奥运会场馆建设，其中北京地铁四号线是 PPP 模式运作的经典案例。

北京地铁四号线项目，是我国城市轨道交通领域第一个正式实施特许经营的项目，也是国内第一个运用 PPP 模式引入市场部门运作的地铁项目。首先，在招标环节上，项目就注重从世界一流的城轨建设公司当中来挑选精英公司；其次，在融资上也是运用 PPP 模式进行融资，充分调动社会资本进入公共服务领域；再次，在运营过程中，打破了只有一家垄断的经营理念，引进了港铁公司，使运营成本更加透明化；最后，运用 PPP 模式，政府转换了角色，真正变成了监管者，政府提出要求，监管企业按照要求提升质量。

因此，北京地铁项目使政府节约了投资，公众享受到了舒适的服务，社会资本也获得了稳定的回报。相反，如果北京地铁四号线采用传统模式，投资大概需要 600 亿，而运用 PPP 模式只需 500 亿，节省了将近 100 亿资金。

在市场看来，北京地铁四号线之所以能成功，还有多方面因素：一是四号线是骨干地铁线，有稳定的客流支撑；二是社会资本参与 PPP 运作的仅占总投资 30% 的可经营部分；三是公私双方制定了具体、可执行的风险收益平衡机制，真正体现了 PPP 的长期合作伙伴关系。

资料来源：康曦. 借鉴成功经验 四川 PPP 项目将不断落地开花 ［N］. 金融投资报，2014-12-25（2）.

总结提要

1. 公共产品主要指那些同时具有非排他性和非竞争性的产品或服务。一般来讲，公共产品由公共部门供给，用来满足社会公共需要。

2. 根据对公共产品特征的分析，我们可以将公共产品划分成纯公共产品和准公共产品。如果一种产品或服务同时完全满足非排他性和非竞争性，就是纯公共产品。

3. 公共产品供给均衡分析的主要方法有庇古均衡、局部均衡分析和林达尔均衡等。

4. 庇古均衡认为：对于每个人来说，公共产品的最优供给将发生在这样一点上，即公共产品消费的边际效用等于税收的边际负效用。

5. 局部均衡分析中，如果需要获得支付公共产品价格的市场总意愿，需要把不同个人的需求线进行纵向加总，即公共产品的总需求等于个人需求的垂直加总。在公共产品的供给曲线确定以后，其与总需求曲线的交点决定公共产品的最优供给。

6. 如果每个人都按照其所获得的公共产品的边际效益的大小，来支付自己应当分担的公共产品的税收，则公共产品的供给就可以达到最佳或高效率的配置，这被称为林达尔均衡。

7. 按照公共产品供给主体角度不同，有以下三种公共产品供给模式：①公共部门供给模式；②私人部门供给模式；③公共部门与私人部门合作供给模式。

复习思考题

1. 公共产品有哪些特征？

2. 举例分析一些重要的公共产品。

3. 为什么要进行公共产品提供？

4. 林达尔均衡的实质是什么？

5. 请尝试提出几种思路，解决公共产品市场供给中的搭便车行为。

第 4 章 公共选择

本章学习目标：

- ·基本了解公共选择理论的产生与发展；
- ·基本了解公共选择理论的研究方法；
- ·熟练掌握直接民主决策下的公共选择；
- ·熟练掌握间接民主决策下的公共选择；
- ·基本了解公共选择下的寻租。

选择是经济学永恒的研究课题。在市场环境下，私人产品根据市场供求关系来决定生产和消费的种类、数量和价格。此时，对私人产品的决策反映的是个人偏好。公共产品需要面对的是集体偏好与决策问题，其难题就是公众偏好揭示问题，主要由公共产品所固有的特征——非排他性和非竞争性而决定。公共选择，就是把个人偏好转化为集体偏好并表达出来。

4.1 公共选择理论概述

公共选择又称集体选择、政治的经济学，是指通过政治活动（如投票）来取代价格机制，决定公共产品的供给与需求，从而将个人偏好转化为集体偏好的一种过程。公共选择是一种资源配置的非市场决策机制。

公共选择理论是一门介于经济学和政治学之间的新的交叉学科，以经济学分析工具来研究非市场决策的政治活动的理论。作为研究集体决策的公共选择理论，它有两个鲜明的特点：一是集体性，单个人的决策不在研究范围之内，只研究人群的集体决策；二是规则性，决策的前提就是要制定规则，在个人之间存在偏好差异的情况下，必须制定规则以使人们的行为协调起来。公共选择理论研究内容主要包括：投票规则、政治家行为、选民行为等。

4.1.1 公共选择理论的产生与发展

公共选择理论的思想源头要追溯到 18 世纪至 19 世纪，当时的一些数学家对投票问题产生了兴趣并进行了研究，法国数学家孔多塞（Condorcet）就是先驱代表人物。到了 20 世纪，经济学家开始对财政决策问题进行初步研究。这些研究成果共同构成了公共选择理论的思想源头。

公共选择理论产生于 20 世纪 40 年代末，并于 20 世纪五六十年代形成了公共选择理论的基本原理和理论框架。英国经济学家邓肯·布莱克（Duncan Black）被尊为"公共选择理论之父"。他于 1948 年发表的《论集体决策原理》一文，为公共选择理论奠定了基础。他的 1958 年出版的《委员会和选举理论》被认为是公共选择理论的代表作。公共选择理论的领袖人物当推美国经济学家詹姆斯·布坎南（James M. Buchanan, Jr.）。布坎南是从 20 世纪 50 年代开始从事公共选择理论研究的，他发表的第一篇专门研究公共选择的文章是《社会选择、民主政治与自由市场》。布坎南与戈登·塔洛克（Gorden Tullock）二人合著的《同意的计算——立宪民主的逻辑基础》被认为是公共选择理论的经典著作。布坎南因在公共选择理论方面的建树，尤其是提出并论证了经济学和政治决策理论的契约和宪法基础，而获得 1986 年度诺贝尔经济学奖。此外，著名经济学家阿罗（K. J. Arrow）和唐斯（A. Downs）对公共选择理论的建立和发展也做出了重要贡献。此后，公共选择理论作为经济学的一个重要分支，得到了经济学界广泛的关注，也得到了蓬勃的发展。

4.1.2 公共选择理论的研究方法

公共选择理论是研究政治市场的经济学，用到的是经济学的基本研究方法。具体而言，公共选择理论运用个体主义方法论、理性经济人假设、政治活动的交易性等研究方法，并利用经济学分析工具对政治活动进行分析。

1. 个体主义方法论

个人被看作是决策的基本单位，集体行动是由个体行动组成的。无论是在个人活动或是在集体活动中，个人都是最终的决策者。公共选择的最终分析落实到政治活动的个体上。

2. 理性经济人假设

经济学上的理性经济人假设认为个人是自私的，总是在追求自身利益的最大化。经济人的理性主要表现在：一是活动依据是成本-效益分析法；二是个人知识完备、偏好稳定，有很强的计算能力。公共选择理论认为个人在政治活动中也是理性的经济人。个人在参与政治活动时也追求个人利益的最大化，也以成本-效益分析法为根据，个人是利己的、理性的、依据个人偏好的，以最有利于自己的方式进行政治活动。

3. 政治活动的交易性

政治活动也是交易活动，只是交易的对象不限于市场性的商品，还包括选票在内的各种利益和好处。市场与政治之间的实质差别，不是个人追求的价值或利益的种类，而是个人追求其不同利益时所处的条件和手段。

4.1.3 公共选择理论的研究内容

公共选择理论研究的内容十分广泛。在民主社会中，集体决策主要有两种方式：一是直接民主决策，二是间接民主决策。公共选择理论就是对这两种决策方式进行深入的研究。直接民主决策是每个选民直接投票决定公共产品的数量与分配，公共选择理论需要深入地研究投票问题，代表性研究如阿罗不可能定理等。间接民主决策采用的是代议制，即选民先选出代表，组成立法机关，再由立法机关根据一定的投票规则，来决定公共产品的供给数量，并由官僚机构负责执行。因此，公共选择理论需要研究政党理论、利益集团理论、官僚及寻租理论等问题。

4.2　直接民主决策下的公共选择

4.2.1　投票规则

按照投票获胜规则的不同，直接民主决策机制可以划分为一致同意规则和多数同意规则。

1. 一致同意规则

一致同意规则是指一项决策必须经过全体投票参与人全部通过或者没有任何人提出反对的一种投票规则。通过这个规则做出的集体决策，能满足所有人的要求与偏好，使所有人满意。

一致同意规则的优点就是能够实现政治市场上的帕累托效率。但在现实生活中，一致同意规则是很难实行的，主要因为：

（1）决策成本高。每个个体的偏好和满意度是不同的，一致同意规则要求投票参与人能够通过自己的偏好和最大的满意度进行投票。两个人的决策，已经很难达成一致。决策人数越多，决策成本就会越高。

（2）存在机会主义行为。一致同意规则会被某些别有用心的人轻易利用，使用自己的一票否决权去威胁和敲诈其他决策人。这样就使该规则成为这些人索取利益的工具。

因此，一致同意规则只能在决策人数比较少的公共决策中适当运用，而且要重视监督。

2. 多数同意规则

多数同意规则是指一项决策必须经过全体投票参与人半数以上赞成才可以获得通过的一种投票规则。多数同意规则还可划分为简单多数同意规则和比例多数同意规则。按照简单多数同意规则，只要赞成票数超过二分之一，决策就可以通过；按照比例多数同意规则，赞成票数必须超过半数且要超过半数很多，这项决策才能通过。这种比例多数同意规则又可以分为三分之二多数制、四分之三多数制、五分之四多数制等。

在现实生活中，具体使用哪种投票规则，由该决策中提出问题的重要性而定，多数同意规则确实比一致同意规则更实用，而且适用于大多数决策。但是多数同意规则也存在着一些问题：

（1）当投票人足够多时，单个投票人的决策对投票结果影响微乎其微，会影响到投票人的积极性。同时，也会隐藏这部分人的个人偏好。

（2）存在投票悖论，即无法产生最后的均衡结果。

4.2.2　投票悖论与阿罗不可能定理

1. 投票悖论

所谓投票悖论，是指采用少数服从多数的投票规则，最终的决策结果可能不是唯一的。投票过程的次序安排，会导致不同的决策结果。早在18世纪，法国数学家孔多塞就提出了"投票悖论"。直至今日，投票悖论也一直是公共选择理论研究的一个重点。

我们通过例子来说明投票悖论。假定有三个投票人甲、乙、丙，每个投票人要共同面临A、B、C三种选择方案，三个投票人的偏好排序如表4.1表示。

表4.1　　　　　　　　　　　投票者个人偏好排序表

选择顺序 ＼ 投票者	甲	乙	丙
第一选择	A	B	C
第二选择	B	C	A
第三选择	C	A	B

按照多数同意规则，我们试图通过三个投票人的相互投票进行表决，找出一个非常稳定的集体偏好排序。

（1）投票人甲、乙、丙分别投一票。则A、B、C三种选择方案各得一票，没有找出集体偏好。

（2）投票人甲、乙、丙对A、B、C三种选择方案进行两两投票。面对A和B，甲和丙的票选中A优于B，乙的票选中B优于A，A的票数比B多，所以投票结果为A；面对B与C，B的票数比C多，所以投票结果为B；最后面对C和A，C的票数比A多，所以投票结果为C。最终结果是依据集体偏好的传递性，这就使票选结果形成了循环状态，这个循环状态就是投票悖论。

（3）如果改变投票过程的次序，是否能消除投票悖论呢？我们采取淘汰制，即在两两表决中获胜的表决才能参与投票，而未获胜的方案就不可以再次参与投票。面对A和B，投票结果为A，B就不能参与票选。面对A和C，投票结果为C，则C成为最终投票结果。但是，如果在这次投票中，改变A、B、C三项选择的顺序，就又会出现不同的结果。这样我们就会发现在投票人与偏好没有改变的情况下，投票会出现不同结果。我们可以发现淘汰制虽然消除了"投票悖论"的影响，但是如果投票过程次序改变了，会出现不同的票选结果，即投票过程次序的不同造成了投票结果的不同。这说明，多数投票制度不一定能够从个人偏好中找出集体偏好。

2. 阿罗不可能定理

1972年，诺贝尔经济学奖得主阿罗对"将每个个体表达的先后次序综合成整个群体的偏好次序"经过了深入的研究，并且使用很多方法对其进行了证明，在其著作《社会选择与个人价值》中提出阿罗不可能定理。阿罗不可能定理认为，不可能存在这样一种投票程序，即"它所产生的结果不受投票程序的影响，同时又尊重每个人的偏好，能将所有个人的偏好转换成社会偏好，并作出前后一致的决策"。

4.2.3　单峰偏好与中间投票人定理

尽管阿罗不可能定理的结论是悲观的，但是人们并没有放弃找到更加理想的投票规则。1958 年，针对投票悖论，邓肯·布莱克在他的著作《委员会和选举理论》中提出，通过适当限制个人偏好，多数同意规则很可能会产生一种均衡的投票结果。

1. 单峰偏好

布莱克认为，通过对个人偏好加以适当限制，使其成单峰偏好状态，则多数决策结果就可满足可传递性，从而表现出稳定性，也打破了阿罗不可能定理中的悖论。

所谓单峰偏好，是指投票人在一组按某种标准排列的备选方案中，有一个最为偏好的选择，而从这个方案向任何方面偏离，投票人的偏好程度或效用都是递减的。布莱克进一步指出，如果假设各个选民的偏好都是单峰偏好，那么最终投票的结果就可以避免阿罗不可能定理中的悖论。我们再通过例子来说明布莱克的这一理论。

我们把上一例中的偏好排序进行调整，调整后的结果见表 4.2。

表 4.2　投票者个人偏好排序表

选择顺序＼投票者	甲	乙	丙
第一选择	A	B	C
第二选择	B	C	A
第三选择	C	B	A

按照多数同意规则，投票人甲、乙、丙对 A、B、C 三种方案进行两两表决，面对 A 与 B，投票结果为 B；面对 A 与 C，投票结果为 C；面对 B 与 C，投票结果为 B。可以看出，投票的最终结果是唯一的，且具有传递性，显示出的集体偏好顺序为 B>C>A。如果我们使用坐标形式进行描绘的话就会发现峰值，也就是所说的单峰偏好。

表 4.1 和表 4.2 反映的是两组不同的个人偏好结构。两个表的区别在于，表 4.1 中，甲、乙两个投票人是单峰偏好，而丙不是单峰偏好，导致了投票悖论的出现。而在表 4.2 中，三个投票人甲、乙、丙都是单峰偏好，其投票结果是稳定和唯一的。这验证了单峰偏好理论。

2. 中间投票人定理

中间投票人又称中位选民，是指在对一项决策投票中持中间立场，或者说是其偏好处于两种投票人对立偏好的中间状态的投票人。提出中间投票人定理的人是唐斯。唐斯在其 1957 年出版的《民主的经济理论》一文中指出，如果在一个多数决策的模型中，个人偏好都是单峰的，则反映中间投票人意愿的那种政策会最终获胜，因为选择该政策会使该群体的福利损失最小。中间投票人定理丰富了单峰偏好理论，为消除投票悖论做出了一定的贡献。中间投票者定理表明，任何一个政党或政治家，要想获得足够多的选票，必须使自己的竞选方案与纲领符合中间投票人的偏好。这也为美国等西方国家的政党和国家领导人的选举提供了更加民主和公正的手段。

4.3　间接民主决策下的公共选择

间接民主决策机制也被称为代议制民主决策机制。上面所讲的直接民主决策机制过于复杂而且所运行的成本非常高，这就造成其不能被经常运用。而西方国家使用的决策机制恰恰就是间接民主决策。

在间接民主决策机制中，选民、政治家和政府官员是三类必不可少的主要参与者，他们的偏好、行为、对事物的看法以及性格特点都影响着决策结果。下面我们将详细介绍一下间接民主决策机制下对决策起着重要影响的三类投票参与者。

4.3.1　选民的偏好以及行为分析

1. 选民的偏好

一般来讲，选民就是投票人。在间接民主决策机制下，选民所要完成的主要任务就是把能够为他们谋取利益的代表选举出来。公共选择理论认为，选民在政治市场上所体现出来的偏好、行为特点与在经济市场上的消费者的偏好、行为特点其实是一致的，没有什么区别。他们所遵循的都是利益最大化。选民之所以要去投票，那是因为他们是理性经济人，他们参与选举的目的就是能够通过参与政治获取他们所需要的利益。

2. 选民的行为分析

在间接民主决策机制下，选民对决策的投票会出现几种不同的选择：

（1）放弃投票。在某些特殊情况下，如果选民的选票对决策的影响很微弱的话，他的选票可能根本起不到什么作用，他们有可能会放弃投票权。如果放弃选票的选民在所有选民中的比例增大的时候，其决策结果的可靠性就会下降，就不能成为民主决策的依据。

（2）结成利益集团。如果某些选民都有着共同的利益，他们会为其共同的利益而结成利益集团。与那些放弃投票权的选民相比较，结成利益集团的选民们会更加积极地参与投票，但同样会造成其决策结果的可靠性的下降，从而造成非民主决策。利益集团通常都是人数较少且通过集体行动而获取利益最大化的选民群体。人数多也会造成免费搭车现象的出现，选民最终放弃投票权。利益集团的行为主要表现为：①用手投票，利用选票集中对政府施加压力；②用脚投票，将个人迁移到相同的区位进行投票；③用钱投票，为竞选提供金钱和物质上的帮助；④用嘴投票，通过游说活动施加压力和影响。

4.3.2　政治家的偏好以及行为分析

1. 政治家的偏好

一般来讲，政治家代表的是政党。政治家通过参加竞选由选民选举而产生，他们的职责就是让选民的利益得到最大化。但实际上，政治家不会为了这个职责去采取行动。公共选择理论认为：政治家也有自己的利益，那就是连任，这才是他们利益的最大化，而为了追求他们自己的利益，他就会通过各种手段让选票数最大化。

2. 政治家的行为分析

政治家的行为目标是获得最大化的选票数。

（1）两党制下政治家的行为。按照中间投票人定理，为了获得多数人的支持，两个政党的政治家在竞选时会提出一些最能被"中间投票人"接受的政策主张。这些政策主张一般会趋于一致，这就是美国总统换届，国家政策并不会有明显改变的原因。

（2）多党制下政治家的行为。多党制下，各个政治家代表的政党的政策主张就不会存在趋同的现象。如果处于少数派地位的政治家打算谋取选举的胜利，他们就会选择与其他政党结成联盟，从而获得多数派地位。因此，多党制下，存在一个最优的策略，即让对手的联盟尽可能大，但自己保持一个最小的获胜联盟。但是，政治家会有行为的不一致，会使某些选民的利益受损。

4.3.3　政府官员的偏好以及行为分析

1. 政府官员的偏好

政府官员，是由政治家聘任来实施和执行政治家做出的决策的人，是公共决策的执行者、公共产品的生产者。政府官员掌握着管理技能与专业知识，他们一般在政府中的任期要比政治家的任期长。公共选择理论认为，政府官员的行为特点同样也是为了追求自身利益的最大化，比如高额薪酬、职位升迁等，而这些都来自于更大规模的部门和更大规模的财政预算。因此，政府官员的偏好就是追求财政预算规模的最大化。

2. 政府官员的行为分析

政府官员的行为，对于公共产品的供给会产生重大影响。虽然政府官员作为政治家的下属，对政治家的决策进行执行和实施，但是公共产品供给方式却掌握在这些政府官员们的手中。政府官员的专业知识和管理技能，使得他们并不被动，而是有一定的主动权。以上这些问题也使政府官员的实际权力在一定程度上超越了本身被赋予的权力，尽管政治家对他们的行为进行了监督和约束，但是效果也是有限的。这可能也是政府行政效率不能提高的一个重要根源。为了避免政府官员在政治市场上追求自身利益最大化可能带来的弊端，改革政府官员体制势在必行。

4.4　公共选择下的寻租

寻租是公共选择理论研究的重要内容。寻租的产生与政府的经济活动相关，寻租活动常常与政府官员的活动相联系，并时常会导致腐败的产生。

4.4.1　寻租

1. 寻租的含义

寻租理论思想最早来源于 1967 年美国经济学家戈登·图洛克（Gordon Tullock）的

著作《关于税、垄断和偷窃的福利成本》。1974年，安妮·克鲁格（Anne Krueger）在探讨国际贸易保护主义政策形成原因的论文《寻租社会的政治经济学》中首次提出寻租的概念。该论文也使得安妮·克鲁格成为寻租理论的鼻祖之一。

寻租是政府失灵的一个基本类型。从字面上理解，寻租就是获取租金的活动。在公共选择理论中，寻租就是用较低的成本获得较高收益或者超额利润的行为。政府官员利用行政权力大发横财，利用合法或者不合法的手段获得利益的行为都是寻租活动。由此可见，寻租赖以生存的前提，是政府对市场的干预。寻租活动中有两个主体：一是寻求政府给予特别利益的市场经济主体；二是掌握资源配置权力的政府官员。他们共同分享了经济租金。

2. 寻租的分类

（1）按照寻租活动产生的领域划分，有政治寻租、经济寻租。

（2）按照寻租活动的目的划分，有为了获得垄断地位而进行的寻租、为了保持自己垄断地位而进行的寻租、为防止他人寻租给自己带来损害而进行的寻租。

（3）现代经济条件下，最常见的寻租活动有四种：政府的特许权、政府定价、政府关税与进出口的配额、政府采购。

4.4.2　寻租与腐败的关系

寻租有合法的方式，也有不合法的方式。不合法的方式常常表现为贿赂、拉拢关系等行为。这些行为会诱发腐败。一般来讲，腐败是指政府官员运用手中的权力来获取私利的行为。

寻租和腐败虽然是两个不同的概念，但是许多腐败都是由寻租引起的。公共选择理论认为，政府官员也是经济人，会追求个人利益的最大化。一旦政府官员发现他们除了自己的合法收入以外，还可以获得经济租金，他们就有可能通过自己手中的公共权力去追求这些不合法的收益，从而引发腐败。

寻租与腐败会给社会带来严重的后果，主要表现在这几个方面：一是带来资源的浪费；二是阻碍市场机制的有效运行；三是造成社会收入分配的不公平；四是损害了政府的公正性和权威性。

专栏：政府决策既要杜绝"拍脑袋"又要防止"一言堂"

南京市近日出台并开始施行《南京市人民政府议事决策规则（试行）》（以下简称"规则"），今后有关南京发展的民生事项、城市建设、经济发展、生态保护等重大决策，谁都不能"拍脑袋"，均由市政府全体会议、常务会议、市长办公会议、专题会议等拍板，强化集体审议制度。

在政府决策上杜绝领导"拍脑袋"，的确是点到了政府运行的"穴位"上。目前，各地主要领导"拍脑袋工程""拍脑袋规划"并不少见，很多都未经科学规划、严谨论证，往往留下"后遗症"或隐患，有的甚至成了"烂尾"和"半拉子"工程，广大干部群众对此很有意见。要做到科学决策、民主决策，真正让群众满意，必须杜绝主要领导决策"拍脑袋"。

如何彻底杜绝？需要一系列制度予以保障和监督。南京市此次出台《规则》，表明了政府要将权力关进制度笼子的决心，让人为之叫好。目前不少地方也都有类似规则出台。而需要提醒的是，有了这些"决策会议"，会不会又出现"一言堂"？会不会以"一言堂"来代替"拍脑袋"？因为很多领导以往的"拍脑袋"决策，也是通过了一系列"会议"进行所谓"决策"。但在这些"决策会议"中，一个人说了算，"拍脑袋"决策被披上了"合乎程序"这件外衣。

因此，设立议事决策规则，以此杜绝"拍脑袋"决策，还只是迈出了第一步。要将规则真正运行好，仍须发挥集体的智慧，杜绝决策"一言堂"。

杜绝"一言堂"，在当下，难度不可小觑。尽管宪法明文规定了民主集中制原则，中央也提出要健全和认真落实民主集中制的各项具体制度。但不必讳言，有制度不执行的情况仍较为严重。实际工作中，在涉及重大决策时，往往都由一些"一把手"说了算，有"集中"没"民主"现象仍较普遍。当这些决策出现失误或造成不良后果时，则往往以"集体决策""班子责任"来应对、搪塞，这也造成了一些主要领导在决策时往往胆子过大，独断专行、刚愎自用，而且很难听进不同意见。

"一言堂"现象存在的背后，则是各种规章制度甚至重大议事原则的形式主义化、虚无化，民主程序、过程监督成为"走过场"，民主集中制变成"一言堂"，"一把手说了算"成了班子成员间心照不宣的事。由此看来，我们缺乏的不是制度，而是对制度不折不扣的执行、对制度执行的有效监督。

中纪委研究室日前在解读十八届中央纪委三次全会精神时指出，要切实强化权力制衡，按照分工负责原则，适当分解主要领导干部权力，减少主要领导干部对具体事务的插手干预，积极探索推广主要领导干部不直接分管具体事务的制度。从实践看来，仅要求主要领导"管好自己"还远远不够，让民主集中制的各项规章制度严格落到实处，并加强社会监督，让决策过程真正透明公开，才是解决问题的关键。

资料来源：耿联. 既要杜绝"拍脑袋"又要防止"一言堂"［N］. 新华日报，2014-02-11（A02）.

总结提要

1. 公共选择又称集体选择、政治的经济学，是指通过政治活动（如投票）来取代价格机制，决定公共产品的供给与需求，从而将个人偏好转化为集体偏好的一种过程。公共选择是一种资源配置的非市场决策机制。

2. 公共选择理论运用个体主义方法论、理性经济人假设、交易政治等研究方法，并利用经济学分析工具对政治活动进行分析。

3. 投票悖论，是指采用少数服从多数的投票规则，最终的决策结果可能不是唯一的，而是依赖于投票过程的次序安排，会导致不同的决策结果。

4. 阿罗不可能定理认为，不可能存在这样一种投票程序，即"它所产生的结果不受投票程序的影响，同时又尊重每个人的偏好，能将所有个人的偏好转换成社会偏好，并作出前后一致的决策"。

5. 单峰偏好，是指投票人在一组按某种标准排列的备选方案中，有一个最为偏好的选择，而从这个方案向任何方面偏离，投票人的偏好程度或效用都是递减的。

6. 中间投票者定理表明，任何一个政党或政治家，要想获得足够多的选票，必须使自己的竞选方案与纲领符合中间投票人的偏好，这也为美国等西方国家的政党和国家领导人的选举提供更加民主和公正的手段。

7. 在间接民主决策机制中，选民、政治家和政府官员是三类必不可少的主要参与者，他们的偏好、行为、对事物的看法以及性格特点都影响着决策结果。

8. 在公共选择理论中，寻租就是用较低的成本获得较高收益或者超额利润的行为。寻租活动中有两个主体：一是寻求政府给予特别利益的市场经济主体；二是掌握资源配置权力的政府官员。

复习思考题

1. 简要评述公共选择理论的发展演变脉络。
2. 公共选择理论的研究方法有哪些？
3. 公共选择理论的研究内容有哪些？
4. 如何解决投票悖论？
5. 简要分析间接民主决策下的公共选择。
6. 举例说明寻租活动造成的社会后果，并论述如何治理寻租。

第 5 章　公共支出

本章学习目标：

- ·准确把握公共支出的含义、特征和分类；
- ·基本了解公共支出的规模与结构；
- ·熟练掌握公共支出的效益分析方法。

公共部门经济职能的履行和作用的发挥依赖公共支出活动来实现。公共支出是公共部门活动的一个重要方面，对经济运行有着广泛而重要的影响。

5.1　公共支出概述

在深入探讨公共支出之前，首先要界定公共支出的含义，并探讨公共支出的特征和分类。

5.1.1　公共支出的含义

公共支出，又称政府支出或财政支出，是指公共部门为履行其职能而支出的一切费用的总和。公共支出反映的是政府的政策决策，一旦政府决定向社会投入一定数量的公共产品，公共支出就代表执行这些政策所需要付出的成本。所以，公共支出就是政府活动的成本，包括提供公共产品，以及为实现收入分配而进行的转移支付。

5.1.2　公共支出的特征

公共支出是公共部门履行其职能的具体表现之一，具有不同于私人支出的一些特征。

1. 公共支出的主体是公共部门

公共产品的属性决定了其主要应由公共部门提供，公共部门也就成了公共支出的最主要的主体。虽然在现实中，公共产品的具体提供给者不一定是公共部门，也存在由私人部门来供给的情况，但最终的支出仍然是以公共部门为主。

2. 公共支出的资金来源是财政收入

公共支出的主体是公共部门，其资金主要来源于公共部门的财政收入。公共部门的财政收入主要包括税收、公共收费、债务及有偿公共服务等。财政收入的主要用途是满足公共需要。但是，随着政府介入经济活动的范围与程度不断加大、加深，公共支出也常常出现赤字现象。

3. 公共支出的目的是满足社会公共需要

由于公共支出的资金来源于财政收入，财政收入又来源于全社会成员的劳动所得，所以公共支出的最终目的是满足全社会成员的公共需要。在现代经济条件下，凡不属于公共需要领域的事务，凡是可以通过市场满足的社会需要，都不应该被纳入公共支出的范畴。

4. 公共支出具有非市场营利性

满足社会公共需要虽然也是具有价值性的活动，但公共支出却不能像私人部门的经营活动一样获取市场营利价值，即公共支出具有非市场营利性特征。虽然公共部门提供的某些公共产品也可能附带产生一定的利润，但其基本的出发点和归宿仍然是满足社会的公共需要，而非营利。

5.1.3 公共支出的分类

公共支出是由不同支出项目所构成的，可以反映政府在一定时期内的政治经济目标和政策取向，也能在一定程度上反映国家经济发展的阶段性特征。公共支出的分类体系因各国的政治体制以及经济社会发展程度的差异而不尽相同。

1. 按政府职能分类

按照公共支出的含义，政府履行什么样的职能，相应就有什么样公共支出。按政府职能对公共支出进行分类，可分为一般公共服务支出、经济服务支出、社会服务支出以及其它功能支出四大类。

（1）一般公共服务支出。一般公共服务支出主要包括政府用于行政、外交、国防、司法、公共秩序以及公共安全等方面的支出。

（2）经济服务支出。经济服务支出是指政府用于交通、燃料与能源服务、采矿业、制造业、工农业、渔业等方面的支出。

（3）社会服务支出。社会服务支出是政府向社会提供服务的支出，主要包括政府的社会保险支出、社会福利和救济支出、教育、医疗、住房以及环境卫生等方面的支出。

（4）其他功能支出。其他功能支出主要是指政府的利息支出和对其他政府机构如对下级政府的转移性支出。

2. 按经济性质分类

按照公共支出能否得到相应的直接的商品或服务为标准，可划分为购买性支出和转移性支出两大类。

（1）购买性支出。购买性支出又称消耗性支出，是政府直接够买商品和劳务的支出，包括购买政府日常行政活动所需的或者国家建设投资所需的商品和劳务支出。

（2）转移性支出。所谓转移性支出，主要包括政府部门用于失业补助、养老金补贴以及债务利息等方面的支出。

3. 按最终用途分类

按照最终用途，公共支出可分为消费性支出、积累性支出和补偿性支出三大类。

（1）消费性支出。消费性支出是用于社会公共消费方面的支出，主要包括文教、卫生、科学事业费、抚恤和社会救济、行政、国防等各项支出。

（2）积累性支出。积累性支出是直接用于社会物质财富生产和国家物资储备的支出，主要包括基本建设支出、流动资金支出、国家物资储备支出、科技三项费用支出、支农支出、地质勘探费用支出以及各种经济建设事业、城市维护事业中增加固定资产部分的支出。

（3）补偿性支出。补偿性支出是用于补偿生产过程中消耗掉的生产资料方面的支出，主要用于进行企业固定资产的重置和更新改造。

4. 中国公共支出分类

2007 年 1 月 1 日实施新的政府收支分类改革之前，中国一直沿用计划经济体制下的支出分类体系。一方面，按支出功能将政府支出分为经济建设费、社会文教费、国防费、行政管理费、其他支出五大类。另一方面，按支出用途划分出若干项"财政主要支出项目"。

我国现行政府支出分类科目框架体系，是 2007 年参照国际货币基金组织（IMF）对各成员国的要求并结合我国实际情况确定的，分为支出功能分类科目和支出经济分类科目。根据我国财政部预算司颁布的《政府收支分类改革方案》中的分类，将公共支出分为类、款、项三级，分为 17 类、160 多款、800 多项。其中类级科目综合反映政府的职能活动，款级科目反映政府为了完成某项职能所进行的某一方面的工作，项级科目反映为完成某一方面的工作所发生的具体支出事项。主要类级科目如下：

（1）一般公共服务支出类。包括 32 款：人大事务、政协事务、政府办公厅（室）及相关机构事务、发展与改革事务、统计信息事务、财政事务、税收事务、审计事务、海关事务、人事事务、纪检监察事务、人口与计划生育事务、商贸事务、知识产权事务、工商行政管理事务、食品和药品监督管理事务、质量技术监督与检验检疫事务、国土资源事务、海洋管理事务、测绘事务、地震事务、气象事务、民族事务、宗教事务、港澳台侨事务、档案事务、共产党事务、民主党派及工商联事务、群众团体事务、彩票事务、国债事务、其他一般公共服务支出。

（2）教育支出类。分为 10 款：教育管理事务、普通教育、职业教育、成人教育、广播电视教育、留学教育、特殊教育、教师进修及干部继续教育、教育附加及基金、其他教育支出。

（3）科学技术支出类。分为 9 款：科学技术管理事务、基础研究、应用研究、技术研究与开发、科技条件与服务、社会科学、科学技术普及、科技交流与合作、其他科学技术支出。

（4）文化体育与传媒支出类。包括 6 款：文化、文物、体育、广播影视、新闻出版、其他文化体育与传媒支出。

（5）社会保障和就业支出类。包括 17 款：社会保障和就业管理事务、民政管理事务、财政对社会保险基金的补助、补充全国社会保障基金、行政事业单位离退休、企业关闭破产补助、就业补助、抚恤、退役安置、社会福利、残疾人事业、城市居民最低生活保障、其他城镇社会救济、农村社会救济、自然灾害生活求助、红十字事业、其他社会保障和就业支出。

（6）社会保险基金支出类。包括 6 款：基本养老保险基金支出、失业保险基金支出、基本医疗保险基金支出、工伤保险基金支出、生育保险基金支出、其他社会保险基金支出。

（7）医疗卫生支出类。分为 10 款：医疗卫生管理事务、医疗服务、社区卫生服务、医疗保障、疾病预防控制、卫生监督、妇幼保健、农村卫生、中医药、其他医疗卫生支出。

（8）城乡社区事务支出类。包括 10 款：城乡社区管理事务、城乡社区规划与管理、城乡社区公共设施、城乡社区住宅、城乡社区环境卫生、建设市场管理与监督、政府住房基金、国有土地使用权出让金、城镇公用事业附加、其他城乡社区事务支出。

（9）农林水事务支出类。包括 7 款：农业、林业、水利、南水北调、扶贫、农业综合开发、其他农林水事务支出。

另外，还包括环境保护支出类、外交支出类、国防支出类、公共安全类、交通运输支出类、工业商业金融等事务支出类、其他支出类以及转移性支出类等支出。

2016 年，为了更好地贯彻落实《中华人民共和国预算法》，实施全面规范、公开透明的预算制度，财政部印发了《支出经济分类科目改革试行方案》，提出对支出经济分类科目改革，其主要思想是：根据《中华人民共和国预算法》的有关要求，充分考虑政府预算和部门预算的特点和管理要求，分设政府预算经济分类和部门预算经济分类两套科目。两套科目均设置类、款两个层级。政府预算经济分类增设反映机关和参照《中华人民共和国公务员法》管理事业单位的工资、商品和服务支出、资本性支出、对个人和家庭的补助、对事业单位的补助、对企业的补助、债务还本付息支出和转移性支出等科目；部门预算经济分类在现有经济分类的基础上，取消政府预算专用科目，同时增设体现部门预算特点的科目。

专栏：我国超额完成教育经费支出占 GDP 比例 4% 的目标

近期，教育部、国家统计局、财政部发布的全国教育经费统计公告显示，2012 年国家财政性教育经费支出 2.2 万亿元，占 GDP 的比例达到 4.28%，超额完成了 2010 年《国家中长期教育改革和发展规划纲要（2010—2020 年）》提出的 4% 的目标。

对此，教育部副部长杜玉波说："这一目标的实现得益于三方面。一是政策得力，为实现 4%，国务院专门印发《关于进一步加大财政教育投入的意见》，出台了严格落实教育经费法定增长要求、提高财政教育支出占公共财政支出的比重、提高预算内基建投资用于教育的比重、拓宽财政性教育经费来源渠道等一系列重大政策。二是财政给力，在全国教育经费总投入中，财政性教育经费所占的比重超过 80%，是教育事业的第一大保障；在国家财政性教育经费中，公共财政预算拨款所占比重接近 90%，是经费来源的第一大渠道；在全国公共财政支出中，财政教育支出所占比重超过 16%，是公共财政的第一大支出。三是地方努力，2.2 万亿年度财政性教育经费中，中央支出不到 20%，80% 都在地方。地方政府是财政性教育经费投入、使用和管理的责任主体，为实现 4% 付出了巨大努力，做出了重大贡献。"

杜玉波提到，为实现 4%，财政部会同教育部采取了三大举措：一是逐级核定了财政教育支出占比。这是实现 4% 目标最为核心的举措。二是拓宽了财政性教育经费来源渠道。三是建立了评价激励机制。

杜玉波强调："4% 的实现，是我国教育发展史上的一个重要里程碑。目前，国家用于教育的钱逐年增加，为教育办了多少年想办而没有办成的一些大事、好事和难事，极大地促进了教育发展和教育公平。"

但同时他又表示，这一目标的实现不是终点，而是新的起点。目前我国教育支出总规模达到历史最高水平，但保障水平仍然偏低，特别是各级各类教育生均经费远低于中上收入国家平均水平。2 万多亿元财政性教育经费中，70% 是教师工资和学校运转支出等刚性支出，而且 4% 中有的用于化解债务补历史欠账，有的用于军校、党校等非国民教育，有的用于离退休人员等社会支出。与实现"中国梦"，完成十八大和十八届二中全会、十八届三中全会提出的教育发展目标和改革任务相比，教育的薄弱环节还很多，差距还很大。

杜玉波说："要全面落实党的十八大对教育提出的目标和要求，努力办好人民满意的教育，仍需要各级政府严格落实教育经费法定增长要求，依法加大财政投入力度，巩固 4% 成果，进一步提高教育经费保障水平。"

资料来源：我国超额完成教育经费支出占 GDP 比例 4% 目标 [EB/OL]. [2014-02-20] http：//edu. people. com. cn/h/2014/0220/c1053-24419181. html.

5.2　公共支出的规模与结构

5.2.1　公共支出的规模

1. 公共支出规模的含义

公共支出规模反映了政府经济活动的范围和对经济的干预程度，是用来衡量一定时期内政府支配社会资源的多少、供给公共产品数量的多少、满足社会公共需求能力高低的一项重要指标。公共支出规模有助于真实地考察政府在一定时期内的公共支出情况。

2. 公共支出规模的测量

测量公共财政支出规模的指标有两种：一是绝对量指标，二是相对量指标。

（1）绝对量指标，是指一国在一定时期内（通常为一个财政年度）所有公共支出的货币价值总额。

（2）相对量指标，是指一国在一定时期内公共支出占当期相关经济指标如国民生产总值（GNP）或国内生产总值（GDP）的比重。

绝对量指标和相对量指标有可能反映出不一致的公共支出规模趋势。可能会出现这样一种情况：一方面，绝对量指标反映出公共支出规模在不断扩大；另一方面，相对量指标却不断降低，反映出公共支出规模不断缩小。

5.2.2 公共支出增长

1. 公共支出绝对量的变化

现代经济的发展和社会公共需求日益扩大，另外，社会经济总规模和国民收入的绝对数量已非过去所能比拟，这也直接决定了公共支出绝对规模的迅速增长。

2. 公共支出相对量的变化

公共支出绝对量的持续扩张，表明了公共支出的发展趋势。但是，由于价格统计和通货膨胀等因素的影响，使得公共支出的相对量比绝对量的变化更有比较意义。

3. 公共支出的内容和范围的变化

政府职能性质和范围的不断变化，会导致公共支出的内容和范围也有所变化，并导致公共支出绝对量和相对量不断发生变化。

5.2.3 公共支出增长理论

世界各国的公共支出无论从绝对量还是相对量来看，都呈现不断增长的趋势，引起了公共经济学界的广泛关注。学者们从不同角度对公共支出规模的增长进行解释，形成了各种公共支出增长理论。其中有代表性的理论主要有以下四种：

1. 瓦格纳法则

德国经济学家阿道夫·瓦格纳（Adolf Wagner）关于公共部门规模增长的最早解释被认为是分析公共支出增长的最为经典的论述。19世纪末，阿道夫·瓦格纳在对当时几个先进工业国家进行考察后，发现这些国家的公共部门无论在绝对规模上还是在相对规模上都存在着增长的趋势，从而提出了"公共支出扩张法则"即"瓦格纳法则"：政府的公共支出与经济增长之间存在着函数关系，随着人均收入水平的提高，公共支出占国民生产总值的比重会逐步提高。对于公共支出相对比重的提高，瓦格纳把原因解释为政治因素、经济因素、需求因素的存在，现代工业发展和工业化进程的加快，引起了社会进步的要求，社会进步导致政府活动的扩张。

虽然瓦格纳只是指出了公共支出不断增长这一现象，并没有清楚地说明导致这一现象的根本原因，但他的理论已经在市场经济中得到了较为充分的证实。

2. 梯度渐进增长理论

20世纪60年代初，英国财政学家皮考克（Peacock）和怀斯曼（Wiseman）通过对英国公共支出近百年增长的历史进行分析，提出了梯度渐进增长理论。

梯度渐进增长理论认为，公共支出增长的原因有两个方面：

（1）内在因素。在社会的正常发展时期，随着经济的发展和收入的上升，政府税收收入也相应增长。一般来讲，政府为了追求政治权力最大化会选择多支出，则公共支出也同步增长。这时，政府支出增加与GDP增长呈一种线性关系，即政府公共支出是渐进扩大的。

（2）外在因素。在社会的非正常发展时期，例如政府在遇到战争、自然灾害等灾难时，为了稳定社会和发展经济，政府不得不急剧增加支出。当社会恢复正常后，由于意外事故可能会遗留众多的问题，例如重建基础设施，仍需要新的政府支出。因此，每一次较大的经济社会动荡和自然灾害，都会加大政府公共支出。

由于内在因素与外在因素的存在，梯度渐进增长理论提出：公共收入和公共支出总是同步增长的。

3. 经济发展阶段论

美国经济学家马斯格雷夫（Musgraoe）和罗斯托（Walt Whitman Rostow）对公共支出增长的原因进行了进一步解释，提出了经济发展阶段论。该理论认为，经济发展需要三个阶段：经济发展早期阶段、经济发展中期阶段和经济发展成熟阶段。公共支出的增长也分为对应的三个阶段：

（1）经济发展早期阶段，百业待兴，公共部门需要为经济发展提供社会基础设施，因此，在社会总投资中，政府的投资占有比例比较高。经济发展阶段论认为，这些投资对一个国家经济发展早期阶段的经济发展起到至关重要的作用。

（2）经济发展中期阶段，社会基础设施供求趋于平衡，政府会继续进行投资，但这只是日益增长的私人投资的补充。同时，由于市场失灵的存在，政府必须加强对经济的干预，因此公共支出会继续增加。

（3）经济发展成熟阶段，公共支出重点就会转移，通常从社会基础设施的投入不断转向教育、卫生和社会保障等服务，并导致这些方面的支出不断增加。这些方面支出的增加远远超过其他方面支出的增加，最终导致公共支出规模扩大。

4. 非均衡增长理论

非均衡增长理论由美国经济学家威廉·杰克·鲍莫尔（William Jack Baumol）提出，主要是通过分析公共部门平均劳动生产率的状况对公共支出增长原因做出解释。

他将国民经济部门分为进步部门和非进步部门两个部门。前者生产率不断提高，后者生产率提高缓慢。两个部门的差异来自技术和劳动发挥作用的不同，在进步部门，技术起着决定作用；在非进步部门，劳动起着决定作用。假设两个部门工资水平相同，且工资随着劳动生产率提高而上升。鲍莫尔把公共部门看做非进步部门，把私人部门看做进步部门。由于公共部门是非进步部门，而该部门的工资率与私人部门的工资率呈同方向等速度变化。因此，在其他因素不变的情况下，生产率偏低的公共部门的规模会随着私人部门工资率的增长而增长。也就是说，公共部门生产力相对落后是公共支出增长的主要原因。

对公共支出增长理论做出贡献的还有公共选择学派。该学派把经济分析的工具和方法应用到了公共决策过程的分析中，对公共支出不断增长的形成机制也有着独持的见解。这里不再赘述。

5.2.4　公共支出的结构

1. 公共支出结构的含义

公共支出结构，是指公共支出的内部比例关系，也就是各类公共支出在总支出中所占的比重。这一比例是否合理，影响和决定着政府能否充分发挥经济职能。

2. 公共支出结构的影响因素

一定时期的公共支出结构，不是任意形成和主观臆定的，而是受政治、经济等多种因素制约的。影响公共支出结构的因素主要有以下几个方面：

（1）政府职能。公共支出是政府活动的资金来源，同时也是政府活动的成本总和。政府职能及活动范围决定了一定时期内公共支出的方向和比例，也就决定了公共支出的结构。

（2）政府发展目标。公共支出的结构是由政府发展目标决定的。一定时期内的公共支出比例，必须同该时期政府的发展目标相适应，才能保证政府所承担任务的完成及发展目标的实现。一个国家在不同的历史时期或不同的发展阶段中，政府的目标和工作重心不同，财政支出的结构也不同。

（3）市场资源配置方式。市场资源配置方式主要有计划经济体制和市场经济体制两种。实行计划经济体制的国家，都是由政府垄断社会资源，资源配置方式以政府集中配置为主，政府既承担了"社会公共需要"方面的事务，也承担了大量竞争性、经营性等方面的事务。公共支出中经济建设支出所占的比重比较高；而实行市场经济体制的国家，以市场配置为资源配置的主要方式，公共支出中经济建设支出所占比重较低。

3. 公共支出结构的优化

优化公共支出结构，建立与公共财政相适应的公共支出结构，是公共经济学研究中的一项重要课题。判断一个国家的公共支出结构是否合理、优化，主要可以从以下几个方面加以注意：

（1）合理、优化的公共支出结构，应该与政府职能、发展目标、经济体制、经济发展阶段相适应。

（2）合理、优化的公共支出结构，应该使其内部各部分之间协调。

（3）合理、优化的公共支出结构，应该具有高效益的特点。

5.3 公共支出的效益分析

随着我国新一轮财税体制改革序幕的拉开，公共支出绩效管理已经成为社会公众和理论界关注的热点。在长期的公共经济学实践中，公共支出项目繁多，不同公共支出项目的效益所表现的形式也不同。有些公共支出项目有直接的经济效益，有些公共支出项目只有社会效益而没有直接的经济效益，还有些公共支出项目既有经济效益又有社会效益。针对效益形式不同的公共支出项目，应采用不同的效益分析方法。

5.3.1 成本-效益分析法

对于那些有直接经济效益的公共支出项目（如基础设施投资支出），一般采用成本-效益分析法。成本-效益分析法的概念首次出现在 19 世纪法国经济学家朱乐斯·帕帕特（Jules Parpat）的著作中。其后，这一概念被意大利经济学家维弗雷多·帕累托

（Vilfredo Pareto）重新界定。到 1940 年，美国经济学家尼古拉斯·卡尔德（Nicholas Calder）和约翰·希克斯（John Hicks）对前人的理论加以提炼，形成了成本-效益分析的理论基础即卡尔德-希克斯准则。一般来讲，成本-效益分析作为一种经济决策方法，是将成本费用分析运用于公共部门的计划决策之中，以寻求如何以最小的成本获得最大的效益。常用于评估需要量化社会效益的公共事业项目的价值。在公共经济学研究中，成本-效益分析中的"成本"多指机会成本。随着经济的发展，人们把私人部门中进行投资决策的成本-效益分析法运用到财政分配领域，成为政府进行公共支出决策的重要方法。

公共支出成本-效益分析的基本思路就是，在一定时期内，对可供选择的公共支出项目方案，用一定的方法计算出各方案的全部预期成本和全部预期效益，通过计算成本-效益的比率，来比较不同方案的效益，选择最优的公共支出项目方案。这种方法，特别适用于公共支出中有关投资性支出项目的分析。

需要注意的是，公共支出的成本-效益分析与私人支出有着显著的不同，主要体现在以下两个方面：

（1）对公共支出进行经济决策要以社会福利最大化为目标，而不能像私人支出一样追求利润最大化。社会福利最大化包含公平与效率两个子目标，在大部分场合，应优先考虑效率，并兼顾公平。按照效率目标，对任何一个公共支出项目来说，由于成本的客观存在，该项目的实施必然要损及某些私人部门的利益。这个时候，遵循效率原则就不再是帕累托最优。只要该项目能够使受益者的获益超过受损者的损失，我们就认为这一项目符合效率标准。按照公平目标，对任何一个公共支出项目来说，要更多地考虑让弱势群体获得更大的权重。

（2）许多公共支出项目的投入和产出不能直接用市场价格来测算。原因在于：一是与许多公共支出项目符合的市场价格根本不存在，比如市场上不存在自然资源得以保护和保持生态平衡的价格等；二是由于市场失灵现象的存在，在许多场合，市场价格不能反映相关产品的真实社会边际成本或社会边际收益。因此，在测算公共支出项目的投入和产出时，如果没有市场价格，需要估算影子价格；如果有市场价格，则需要对市场价格进行修正。

总之，由于公共支出的成本-效益分析具有以上的特点，因此具体方法也与私人支出的成本-效益分析不同。对于公共支出来说，进行成本-效益分析的程序一般包括以下四个步骤：①根据公共支出的目标，确定一系列公共支出备选方案；②确定每种备选方案的投入量和将会实现的产出量；③计算每个方案的成本和效益之比；④选择最优的方案。

5.3.2 公共支出效益的其他分析方法

1. 最低费用选择法

对于那些只有社会效益，且其产品不能进入市场的公共支出项目（如国防支出），一般采用最低费用选择法进行。最低费用选择法，就是指对每个备选的公共支出项目方案进行分析时，只计算备选方案的有形成本，而不用货币计算备选方案支出的社会效益，并以成本最低为择优的标准。该方法主要适用于军事、行政、文化等公共支出项目。

2. 公共劳务收费法

对于那些既有社会效益，又有经济效益，但其经济效益难以直接衡量，而其产品可以全部或部分进入市场的公共支出项目（如交通、教育等支出），一般采用公共劳务收费法。所谓公共劳务，就是指政府为行使职能而进行的各种工作。政府向社会提供这些公共劳务，供全体社会成员所使用。公共劳务收费法，就是通过制定和调整公共劳务的价格或收费标准，来改进公共劳务的使用状况，使之达到提高公共支出效益的目的。对公共劳务的定价政策，一般有四种情况：免费、低价、平价和高价。免费和低价政策适用于义务教育、强制注射疫苗等，平价政策适用于公路、铁路、医院等，高价政策适用于繁华地段的机动车停车收费等。

3. 公共定价法

公共定价法是政府通过一定的程序和规则制定公共产品的价格和收费标准的方法，是政府保证公共产品供给和实施公共产品管理的一项重要职责。公共定价一般包括两个方面：一是纯公共定价，即政府直接制定自然垄断行业的价格；二是管制定价，即政府规定涉及国计民生而又带有竞争性行业的价格。公共定价法一般包括平均成本定价法、二部定价法和负荷定价法。

专栏：四川成都财政：以支出绩效评价规范权力运行

今年以来，四川省成都市财政大力推进支出绩效评价工作，强化部门预算约束机制，规范预算单位支付行为，提升财政资金使用绩效，以绩效评价规范财政权力运行，切实保障财政职能作用更好发挥。

一是以点带面，有的放矢破解财政管理难题。近来，成都市陆续选取多个财政支出项目开展绩效评价。在摸石过河、累积经验基础上，针对工作开展中存在的问题，扎实深入开展调研，制定《财政专项资金绩效管理调研工作方案》，组织相关单位赴外地学习考察，为全面推进预算绩效管理找准方向。

二是建章立制，高屋建瓴完成顶层设计。在前期充分调研、反复研究论证基础上，于2月出台《关于全面推进预算绩效管理的意见》，从预算绩效管理的目标意义、基本原则、主要内容和保障措施等方面，对预算支出绩效评价工作进行制度性的顶层设计，为全面推进预算绩效管理、提高财政资金使用效益提供制度基础。

三是精心组织，稳步推进财政支出绩效评价。研究出台《2014年市级财政支出绩效评价工作方案》，拟对市级78个重点项目和5个市级部门全面开展支出绩效评价。在具体实施过程中，将在修订完善绩效评价指标体系基础上，成立12个评价工作组和1个督查工作组，深入开展绩效评价工作。同时，此次工作将引入第三方机构独立开展部分项目绩效评价，探索建立第三方独立评价工作机制。

资料来源：四川成都财政：以支出绩效评价规范权力运行 [EB/OL]. [2014-05-20]. https：//rc. mbd. baidu. com/zyyjnjc.

总结提要

1. 公共支出，又称政府支出或财政支出，是指公共部门为履行其职能而支出的一切费用的总和。公共支出反映的是政府的政策决策，一旦政府决定向社会投入多少数量的公共产品，公共支出则代表执行这些政策所需要付出的成本。所以，公共支出就是政府活动的成本，包括提供公共产品，以及为实现收入分配而进行的转移支付。

2. 公共支出是公共部门履行其职能的具体表现之一，具有不同于私人支出的一些特征：①公共支出的主体是公共部门；②公共支出的资金来源是财政收入；③公共支出的目的是满足社会公共需要；④公共支出具有非市场营利性。

3. 公共支出的分类体系因各国的政治体制以及经济社会发展程度的差异而不尽相同。按政府职能分类有一般公共服务支出、经济服务支出、社会服务支出以及其它功能支出四大类；按照公共支出能否得到相应的直接的商品或服务为标准划分为购买性支出和转移性支出两大类；按照最终用途，公共支出可分为消费性支出、积累性支出和补偿性支出三大类。

4. 公共支出规模反映了政府经济活动的范围和对经济的干预程度，是用来衡量一定时期内政府支配社会资源的多少、供给公共产品数量的多少、满足社会公共需求能力高低的一项重要指标。测量公共财政支出规模的指标有两种：一是绝对量指标，二是相对量指标。

5. 学者们从不同角度对公共支出规模的增长进行解释，形成了各种公共支出增长理论。其中有代表性的理论主要有以下四种：①瓦格纳法则；②梯度渐进增长理论；③经济发展阶段论；④非均衡增长理论。

6. 公共支出结构，是指公共支出的内部比例关系，也就是各类公共支出在总支出中所占的比重。影响公共支出结构的因素主要有以下几个方面：①政府职能；②政府发展目标；③市场资源配置方式。

7. 在长期的公共经济学实践中，公共支出项目繁多，不同公共支出项目的效益所表现的形式不同。有些公共支出项目有直接的经济效益，有些公共支出项目只有社会效益而没有直接的经济效益，还有些公共支出项目既有经济效益又有社会效益。针对效益形式不同的公共支出项目应采用不同的效益分析方法：①成本-效益分析法；②最低费用选择法；③"公共劳务"收费法；④公共定价法。

复习思考题

1. 公共支出的特征有哪些？
2. 简述公共支出可以划分为哪些类型。
3. 如何测量公共支出的规模？

4. 试运用"瓦格纳法则"解释政府公共支出不断扩张的行为。

5. 简述成本-效益分析法的含义和基本步骤。

6. 请结合中国实际,论述公共支出结构如何优化。

第 6 章　公共收入

本章学习目标：

　　·准确把握公共收入的含义、分类和统计口径；
　　·基本掌握公共收入的规模与结构。

　　公共收入是公共支出的经济来源，是以政府为主要代表的公共部门正常运转的基础和根本保障。

6.1　公共收入概述

6.1.1　公共收入的含义

　　公共收入，又被称为财政收入、预算收入或政府收入，是指以政府为主要代表的公共部门为满足公共支出的需要而筹集的一切货币收入的总和。公共收入的实质是将私人部门的一部分资源转移到公共部门并由其加以集中使用的过程，是公共部门经济活动的一个重要方面。公共部门提供的公共产品的范围与数量在很大程度上由公共收入的充裕状况决定。

　　公共收入包含两层含义：一方面，公共收入是货币资金，即公共部门按照一定的原则，占有的一定量的社会产品价值；另一方面，公共收入又是一个过程，即公共部门筹集货币资金的过程。

6.1.2　公共收入的分类

　　公共收入分类是公共收入管理的重要组成部分。对公共收入分类可以帮助我们寻求组织和增加公共收入的有效途径，加强对公共收入的组织和管理。根据国际货币基金组织 2001 年《政府财政统计手册》的分类标准，政府有 4 种主要的收入来源渠道：税收、社会缴款、赠与收入和其他收入。

　　2007 年我国政府收支分类改革后出台的《2007 年政府收支分类科目》，参考国际上的政府收入分类标准，结合中国的实际情况，将政府收入分为税收收入、社会保险基金收入、非税收入、贷款转贷回收本金收入、债务收入、转移性收入共 6 类。其中非税收入包括政府性基金收入、专项收入、彩票资金收入、行政事业性收费收入、罚没收入、国有资本经营收入、国有资源（资产）有偿使用收入、其他收入 8 款。

6.1.3 公共收入的统计口径

公共收入的口径有大小之分。其中：

1. 最小口径

仅包含税收收入。

2. 小口径

除税收收入外，还包含纳入公共预算的非税收入。这是最为常用的一个公共收入口径，实际上是指政府收入中被纳入公共财政预算进行管理、政府可以统筹使用的那部分收入，包括税收收入和其他非税收入，但不包括政府债务收入。专款专用的政府收入如社会缴款不应包含在内。我国统计年鉴中对外公布的财政收入即是通过这个口径统计的。

3. 中口径

是指在小口径的公共收入基础上加入社会保障缴费收入。

4. 大口径

是指公共部门全部的收入。

6.2 公共收入的规模与结构

6.2.1 公共收入规模

1. 公共收入规模的含义

公共收入规模是指公共收入的价值总量，具体包含三层含义：

（1）时间的概念，通常为一定时期内的收入流量；

（2）空间的概念，通常指一个国家的中央政府的公共收入，也可以指该国家的地方政府的公共收入；

（3）数量的概念，是指公共部门以税收与非税收形式所占有经济资源的价值总量。

2. 公共收入规模的测量

公共收入规模通常从其绝对量和相对量来测量：

（1）公共收入规模的绝对量。公共收入规模的绝对量是指一定时期内公共收入的总数量。一方面，公共收入规模的绝对量在一定程度上反映一个国家在一定时期内的经济发展水平和财力集散程度；另一方面，从动态角度对公共收入规模的绝对量进行分析，可以看出公共收入规模随着经济发展和政府职能变化而增减变化的情况和趋势。

（2）公共收入规模的相对量。公共收入规模的相对量是在一定时期内公共收入与经济变量的百分比。这类指标通常有三类：公共收入占 GDP 的百分比、税收收入占 GDP 的百分比、非税收入占 GDP 的百分比。由于公共收入主要来源于税收收入，税收是最主要、最稳定和最可靠的公共收入，因此，公共收入占 GDP 的百分比，也可以用税收收入占 GDP 的百分比来衡量，即我们所说的"宏观税率"。

6.2.2　公共收入规模的影响因素

谋求公共收入持续扩张是公共部门的目标，但是公共收入规模的扩张与否，不是以公共部门的主观意志为转移的，而是受到各种政治经济条件的制约和影响，包括经济发展水平、生产技术水平、经济体制。

1. 经济发展水平

经济发展水平是影响公共收入规模最主要的因素。经济发展水平反映一个国家社会财富的高低和产品的丰裕程度。一方面，经济发展水平越高，社会财富就越多，可以给公共收入提供更大的扩张空间；另一方面，经济发展水平越高，产品越丰富，GDP 就越高，公共收入相应地就越多。经济发展水平对公共收入规模的影响不仅体现在公共收入的总量上，也体现在公共收入占 GDP 的相对量上。一般来讲，发达国家的公共收入大多要高于发展中国家。

2. 生产技术水平

生产技术水平是影响公共收入规模的又一个重要因素。一定的经济发展水平总是与一定的生产技术水平相适应的，生产技术水平是经济发展水平的支柱。据测算，在发达国家中，技术进步对经济增长率的贡献在 20 世纪初约为 5.2%，而从 20 世纪 70 年代开始达到 70%~80%。

3. 经济体制

在社会经济发展水平和生产技术水平既定的前提下，经济体制成为影响公共收入规模的重要因素。这里的经济体制主要包含对资源进行配置的机制、政府的分配体制和政策等。其中，在计划经济体制下，绝大多数的资源和社会财富分配权高度集中在政府手中，计划机制决定了公共收入的规模；在市场经济体制下，政府间接地影响资源和社会财富的分配，市场机制决定了公共收入的规模。政府的分配体制和政策又决定了公共收入的实际规模。不同的分配体制和政策，决定了公共收入规模的不同。

在现实社会中，公共收入规模还会受到诸如宏观经济政策、社会传统习惯、价格水平等因素的影响，这里不再一一赘述。

6.2.3　公共收入结构

1. 公共收入结构的含义

公共收入结构，是指公共收入来源的多种构成、比例及其相互关系。公共收入结构主要包含三个方面的类型：

（1）公共收入的形式结构，是指公共收入中税收收入和非税收收入之间的比例关系。

（2）公共收入的部门结构，是指公共收入中第一、第二、第三产业收入的比例关系。

（3）公共收入的经济类型结构，是指公共收入中国有经济部门和非国有经济部门收入之间的比例关系。

公共收入结构一直以来受到公共经济学界的重点关注，因为公共收入结构是否合理直接关系到国民经济和社会事业的稳定、协调发展。

2. 公共收入结构的优化

公共收入结构的优化，就是指实现最优的公共收入结构的过程。最优的公共收入结构，主要指以最小的经济效率的损失来获取最大程度的公共收入的增加的结构。其内涵主要包括：

(1) 公共收入水平增长是以最小经济效率的损失为前提条件的。

(2) 公共收入种类的增长应该是协调的、合乎客观规律的。

(3) 公共收入的优化过程中，收入本身必须是规范的。

目前，我国公共收入面临的主要问题是公共收入结构失调，导致税收收入不能持久，公共产权流失严重。因此，优化公共收入结构的基本思路就是在最小经济效率损失的前提下，最大限度地增加公共收入，促进各种形式的公共收入协调增长。一方面，要进一步健全和完善以税收收入为主要来源的公共收入的稳定增长机制；另一方面，要大力挖掘非税收收入的增长潜力，进行公共收入体系改革，采取有效措施防止公共收入的流失，促进公共收入增长。

专栏：2013 年四川财政收入 2 784.1 亿 同口径增长 14.6%

昨日，省财政厅厅长王一宏向省十二届人大常委会第十次会议做了《关于四川省 2013 年财政决算的报告》（以下简称《报告》）。2013 年，全省地方公共财政收入 2 784.1 亿元，完成预算的 103.6%，同口径增长 14.6%。全省公共财政支出 6 220.91 亿元，完成预算的 90.8%，增长 14.1%。

统计显示，2013 年，全省税收收入占地方公共财政收入的比重为 75.6%，提高 0.1 个百分点；公共财政总收入占 GDP 的比重为 16%，提高 0.3 个百分点，收入质量持续提升。支出结构继续优化，民生保障、产业发展和基础设施建设支出占比提高 0.4 个百分点，达到 83.3%。资金使用绩效不断提高，全省结余资金为 633.09 亿元，减少 9.3%；省级结余资金为 211.74 亿元，减少 25.4%。"民生取向极大彰显。"王一宏说，2013 年，全省财政民生支出达 3 987.6 亿元，占总支出的比重达到 64.1%，是 2010 年的 1.5 倍。不断完善以公共教育、社会保障、医疗卫生、就业促进、住房保障为主要内容的广覆盖、多层次、可持续的民生保障体系，保障和改善民生的长效机制日渐成熟。同时，全省财政工作管理改革深入推进。启动实施了省级专项资金管理改革，省级专项预算项目压缩 40% 以上；严格控制一般性支出，全省压缩一般性支出 21 亿元（"三公"经费 6.9 亿元），其中：省本级压缩一般性支出 5 亿元（"三公"经费 0.8 亿元），全部安排用于支持社会化养老机构新增养老床位 5 万个。

根据《报告》，今年 1—6 月，全省地方公共财政收入达 1 640.92 亿元，完成预算的 53.6%，增长 8.9%，高于全省生产总值增幅 0.4 个百分点。按照厉行节约、勤俭办事的要求，我省切实加强支出管理，强化预算编制约束，严格预算执行管理，严格控制一般性支出，特别是"三公"经费支出。今年，省级部门财政拨款"三公"经费预算安排 5.98 亿元，下降 16.7%。

此外，今年我省继续坚持把保障和改善民生作为公共财政的基本取向，优化支出结构。在继续实施"十项民生工程"的基础上，将免除家庭经济困难高中学生学费、提高城乡居民医疗保险水平等困难群众急需急盼解决的 19 件民生实事作为保障重点，继续保持对教育、就业、社会保障、医疗卫生、保障性住房等方面的投入力度。截至 6 月底，全省各级"十项民生工程"和 19 件民生实事预算执行总额达到 1 120.91 亿元，占资金安排总额的 90.3%。

资料来源：王玲雅. 2013 年四川财政收入 2 784.1 亿同口径增长 14.6% [N]. 成都日报，2014-07-29.

总结提要

1. 公共收入，又被称为财政收入、预算收入或政府收入，是指以政府为主要代表的公共部门为满足公共支出的需要而筹集的一切货币收入的总和。

2. 对公共收入分类可以帮助我们寻求组织和增加公共收入的有效途径，加强对公共收入的组织和管理。根据国际货币基金组织 2001 年《政府财政统计手册》的分类标准，政府有 4 种主要的收入来源渠道：税收、社会缴款、赠与收入和其他收入。

3. 公共收入规模是指公共收入的价值总量，具体包含三层含义：①时间的概念，通常为一定时期内的收入流量；②空间的概念，通常指一个国家的中央政府的公共收入，也可以指该国家的地方政府的公共收入；③数量的概念，是指公共部门以税收与非税收形式所占有经济资源的价值总量。

4. 谋求公共收入持续扩张是公共部门的目标，但是公共收入规模的扩张与否，不是以公共部门的主观意志为转移的，受到各种政治经济条件的制约和影响，包括经济发展水平、生产技术水平、经济体制。

5. 公共收入结构，是指公共收入来源的多种构成、比例及其相互关系。公共收入结构主要包含三个方面的类型：①公共收入的形式结构；②公共收入的部门结构；③公共收入的经济类型结构。

复习思考题

1. 公共收入的主要形式有哪些？
2. 公共收入的统计口径有哪些？
3. 如何测量公共收入的规模？
4. 请结合中国实际，论述公共收入结构如何优化。

第 7 章 税收

本章学习目标：

· 准确把握税收的含义、特征、构成要素和分类；

· 基本掌握税收原则；

· 熟练掌握税收负担的转嫁与归宿分析。

据中国国家税务总局发布数据，2016 年，扣减出口退税后，全国税务部门组织税收收入 115 878 亿元，比 2015 年增长 4.8%。现代经济中，税收已经成为公共收入的主要来源。

7.1 税收概述

7.1.1 税收的含义

1. 税收的概念

税收是国家为满足社会公共需要，依据其职能，按照法律规定，参与社会产品的分配，强制、无偿地取得公共收入的一种规范形式。

2. 税收的本质

税收的本质就是国家凭借公共权力，按照法律所规定的标准和程序，参与国民收入分配，强制取得公共收入的一种特定分配方式。它体现了国家与纳税人在征收、纳税的利益分配上的一种特殊关系。马克思指出："赋税是政府机器的经济基础，而不是其他任何东西。"恩格斯指出："为了维持这种公共权力，就需要公民缴纳费用——捐税。"

7.1.2 税收的特征

税收特征可以概括为：强制性、无偿性和固定性，也就是所谓的"税收三性"。

1. 强制性

税收的强制性是指政府以社会管理者的身份，直接凭借政治权力，通过法律形式对纳税人实行强制征收。这种强制性特征体现在两方面：一是税收分配关系的建立具有强制性，即税收征收完全是凭借国家拥有的政治权力；二是税收的征收过程具有强制性，即如果出现了税收违法行为，国家可以依法进行处罚。

2. 无偿性

税收的无偿性是指政府向纳税人进行的无须偿还的征收。这种无偿性特征体现在两方面：一是指政府获得税收收入后无需向纳税人直接付出任何报酬，二是指政府征到的税收不再直接返还给纳税人本人。税收的无偿性是税收的关键性特征，它反映的是一种社会产品所有权、支配权的单方面转移关系，而不是等价交换关系。税收的无偿性是区分税收收入与其他公共收入形式的重要特征。

3. 固定性

税收的固定性是指国家通过法律形式事先规定了征税对象、税基及税率等要素。税收征纳双方必须按税法规定征税和纳税，非经国家法令修订或调整，双方都无权随意变更征纳标准。

7.1.3　税收的构成要素

税收的构成要素，是指组成税收总体的成分。税收的构成要素回答了由谁纳税、对什么征税、征多少税这些最基本的税收问题，能够直接反映税收分配关系。

1. 纳税主体

纳税主体，又称纳税人或纳税义务人，是指税法所规定的直接负有纳税义务的个人或单位。纳税主体必须依法纳税并服从国家的税务管理，如有违犯，税务机关有权依法给予处罚。实际中，要注意区分纳税主体的两个方面：一方面，从法律上的纳税主体看，无论征收什么税，其税负都要由有关的纳税人来承担；另一方面，从经济上的纳税主体看，纳税主体是指税收的实际负担人。税法并不能明确规定税收的实际负担人，因为税收最终由谁来负担在很大程度上取决于税负的转嫁。

2. 纳税客体

纳税客体，又称征税对象，是指对什么征税，即国家征税的标的物，是国家据以征税的依据。它规定了每一种税的征税界限，是一种税区别于另一种税的主要标志。每一种税一般都有特定的征税对象。具体来说，征税对象主要包括：征税范围、税目、计税依据、计税标准、税类、税种、税基和税源等。

3. 税率

税率是应纳税数量与征税对象数量之间的法定比例，是计算税额和税收负担的尺度，体现征税的程度。税率的高低，直接关系到国家公共收入和纳税人的负担，同时也反映着国家经济政策的要求。不同税率又可细分为不同形式。

（1）定额税率，是指对每一单位的征税对象直接规定一个固定税额的一种税率。它是税率的一种特殊形式，一般适用于从量定额征收的税种，如汽车牌照税。具体运用时，又可分为地区差别定额税率、幅度定额税率和分类分级定额税率等形式。

（2）比例税率，是指对同一征税对象，不论数额大小，均按同一比例计征的一种税率。一般适用于商品流转额税种的征收，如营业税。在具体运用上，比例税率又可分为产品比例税率、地区差别比例税率和幅度比例税率等形式。

（3）累进税率，是指随征税对象数额或相对比例的增大而逐级提高税率的一种递增等级税率，即按征税对象或相对比例的大小，划分为若干不同的征税级距，规定若干高低不同的等级税率。征税对象数额或相对比例越大，规定的等级税率越高；反之，税率越低。一般适用于按照实际收益和财产征收的税种，如个人所得税。在具体运用上，累进税率又可分为全额累进税率、超额累进税率、全率累进税率、超率累进税率、超倍累进税率等几种。

7.1.4 税收的分类

根据不同的标准，可以对税收进行不同的分类。

1. 按征税对象的不同划分

税收按征税对象的不同主要分为所得税、流转税和财产税。其中，流转税是指以商品交换和提供劳务的流转额为征税对象的税收。流转税是我国税收收入中的主体税种，占税收收入总额的60%左右，主要流转税税种有增值税、消费税、营业税、关税等。

2. 按征税对象的计量标准不同划分

税收按课税对象的计量标准不同可划分为从价税和从量税。从价税是指以征税对象的价格为计税依据的税收，如增值税、营业税等。从量税是指以征税对象的数量、重量、容量或体积为计税依据的税收，如我国消费税中的啤酒、汽油、柴油等课税项目采用的就是从量税的形式。

3. 按税收与价格的关系划分

按税收与价格的关系可分为价内税和价外税。价内税是指税款构成商品或劳务价格组成部分的税收。价外税是指税款作为商品或劳务价格以外附加的税收。从我国目前的税制看，消费税、营业税等属于价内税，增值税在零售以前各环节采取价外税，在零售环节采取价内税。

4. 按税负能否转嫁划分

按税负能否转嫁可分为直接税和间接税。直接税是指由纳税人直接负担税负、不发生税负转嫁关系的税收，如个人所得税、企业所得税、财产税。间接税是指纳税人能将税负转嫁给他人负担的税收，如各种流转税税种。

5. 按税收管理权限和使用权限划分

按税收管理权限和使用权限可分为中央税、地方税、中央和地方共享税。中央税是指中央管辖征收并支配的税种，如我国目前的消费税、关税。地方税是指由地方管辖征收并支配的税种，如我国目前的契税、房产税、耕地占用税、土地增值税、城镇土地使用税、车船税等。中央和地方共享税是指属于中央政府与地方政府共同享有并按照一定比例分成的税种，如增值税、个人所得税、企业所得税、证券交易印花税等。

6. 我国现行税种

目前，我国共有增值税、消费税、营业税、企业所得税、个人所得税、资源税、城镇土地使用税、房产税、城市维护建设税、耕地占用税、土地增值税、车辆购置税、车船税、印花税、契税、烟叶税、关税、船舶吨税、固定资产投资方向调节税19个税种。其中，17个税种由税务部门负责征收；固定资产投资方向调节税由国务院决定从2000年起暂停征收；关税和船舶吨税由海关部门征收，另外，进口货物的增值税、消费税也由海关部门代征。

7.2　税收原则

7.2.1　税收原则概述

税收原则又称征税准则，是指国家进行税收活动的准则，依此制定税收的具体制度和政策。税收原则的核心问题是如何使税收关系适应一定的生产关系的要求，体现了政府征税的基本思想。

7.2.2　税收原则理论的产生与发展

税收原则理论起源于 17 世纪，以及该理论发展至今，已成为独立的理论体系。英国古典政治经济学的创始人威廉·配第（William Petty）在他的著作《赋税论》和《政治算术》中最早提出"税收原则"一词，提出了税收的公平、简便和节省三条标准。亚当·斯密总结了前人在税收原则理论研究方面的经验和税制建设的一般规律，明确地提出税收必须遵循平等、确定、便利和最少征收费用四个原则。这在税收原则理论的发展中是具有划时代意义的。此后，德国的社会政策学派创始人瓦格纳（Wagner）进一步作了补充，提出了税收原则应分为财政政策原则、国民经济原则、社会公平原则和税务行政原则四个方面，以及充分原则、弹性原则、选择税源原则、选择税种原则、普遍原则、平等原则、确实原则、便利原则、征税费用节约原则九条具体内容，即"四端九项原则"的理论。现代一些经济学家认为，判断整个社会是否已达到最大的经济福利，须按照效率、公平两项准则据以衡量，对于税收的选择评价也应依据这两项准则，即税收的效率原则和公平原则。

7.2.3　现代税收原则

1. 财政原则

财政原则是指税收必须为国家筹集充足的财政资金，以满足国家职能活动的需要。具体内容包括：

（1）充裕原则，即选择税源广大、收入稳定的征税对象。

（2）弹性原则，即税收收入要随着公共支出的需要进行调整。

（3）便利原则，即必须确立尽可能方便纳税人纳税的税收制度。

（4）节约原则，即要做到节省税务行政费用。

2. 经济原则

经济原则是指税收制度的建立应有利于保护国民经济，避免对经济活动产生负面影响，应促进国民经济持续、均衡发展。具体内容包括：

（1）配置原则，即税收活动必须有利于资源配置。

（2）效率原则，主要包括两个方面：第一，税收的经济效率原则，即国家征税要有利于资源的有效配置和经济机制的有效运行；第二，税收本身的效率原则，即以最小的税收成本取得最大的税收收入。

3. 公平原则

公平原则是指税收负担应公平合理地分配于全体社会成员之间。在当代西方税收学界看来，税收公平原则是设计和实施税收制度的最重要的原则。具体内容包括：

（1）普遍原则，即除特殊情况外，税收应由本国全体公民共同负担。

（2）平等原则，主要包括两个方面：第一，横向公平，又称为"水平公平"，即对相同境遇的人征收相同的税；第二，纵向公平，又称为"垂直公平"，即对不同境遇的人征收不同的税。在这里，判断"境遇"的标准一般包括受益标准和能力标准（收入、财产和支出等）。

7.2.4 最优税收理论

理想的税收制度应该是同时兼顾效率与公平的税制。但是，现实中，公平与效率往往存在着很大冲突。最优税收理论就是通过规范分析，研究如何构建兼顾效率原则与公平原则的税收制度。

1. 最优税收理论概述

由于征税对象的选择主要是在消费与所得之间进行的，最优税收理论也是从最优商品税和最优所得税产生和发展起来的。1897 年，英国经济学家埃奇沃斯（Francis Y. Edgworth）最早研究了最优税收问题。他在假设收入边际效用递减的条件下，发现通过累进的所得税可以达到"劫富济贫"的效果，实现收入的均等化。美国经济学家詹姆斯·莫里斯（James A. Mirrlees）在其著作《最优所得税理论探讨》和《最优收入理论》中主要论述了如何解决最优所得税的问题。1927 年，英国经济学家弗兰克·拉姆齐（Frank Plumpton Ramsey）在其论文《对税收理论的贡献》中研究了最佳商品税问题，提出了著名的"拉姆齐法则"。拉姆齐法则提出，税率的设定应使得征税前后消费者的消费结构保持相对不变。最优商品税率应和该商品需求弹性成反比。随着最优所得税理论和最优商品税理论的不断发展，很多学者开始研究不同税收种类的组合搭配，形成了丰富的最优税收理论。

最优税收理论研究的是政府在信息不对称条件下，如何征税才能保证效率与公平兼顾的问题。其核心在于对税收的公平与效率原则进行整合，力求在两者的权衡取舍之间选择一个最优的组合。

2. 税收的经济效应

研究税收的经济效应是探讨最优税收的基础。税收的经济效应主要有收入效应和替代效应。

（1）收入效应是指通过减少纳税人的税后可支配收入而对经济产生的影响。具体来讲收入效应的内容是指征税只会使纳税人的收入减少，使支付能力和满足程度下降，但并不改变他们的行为方式，所发生的仅仅是资源从私人部门向公共部门的简单转移。

（2）替代效应是指税收不仅影响纳税人的可支配收入，也会影响人们的各种经济行为，也就是用某种选择替代另一种选择。这时候发生的就不只是资源由私人部门向公共部门的简单转移，在转移过程中还会发生对个人行为的扭曲，产生效率损失。

3. 最优商品税

对所有的商品按照统一的税率征税，可以尽可能地使税收只具有收入效应，是一种理想状态。在现实中，指望统一的税率来保证普遍的效率是不可能的。根据拉姆齐法则，一种商品的需求弹性越大，对其征税的潜在的替代效应就越大，因此最优商品税要求对弹性相对较小的商品按照较高的税率征税，而对弹性相对较大的商品按照较低的税率征税。但是需要注意的是，弹性小的商品往往是生活必需品，对它课以重税也有失公平。

4. 最优所得税

最优所得税理论的核心是如何确定最优税率，使全社会在达到理想的收入分配目标的同时还能够使对所得税征税造成的效率损失最小。最优所得税的税率高低取决于社会成员对收入-闲暇的偏好状况、社会对收入再分配的态度以及社会成员对社会福利的观点等因素。一般来讲，最优所得税应符合这样的标准：一是高收入者应按高平均税率纳税，低收入者应按低平均税率纳税；二是最高收入者与最低收入者的边际税率都应该特别低。

第一条标准要求税率应具有累进的性质，以更好地促进公平。第二条标准要求在促进公平的同时也促进效率，因为对于最高收入者来讲，再高的边际税率也不会再使税收收入增加，所以对其规定一个特别低的边际税率并不会破坏税收公平；而一旦高收入者受到几乎为零的边际税率的激励，就会更少地选择闲暇，从而有可能使税收数额增加，更有助于公平的实现。

7.3 税收负担的转嫁与归宿

7.3.1 税收负担

税收负担指的是征税减少了纳税人的可支配收入的数额，对其造成的经济利益的损失或使其承受的经济负担。税法只规定了纳税义务，并没有规定税收负担。因此，我们不能只根据税法去判断和分析纳税人的税收负担情况。

研究税收负担的目的在于确定税收的最终归宿，帮助公共部门评估税收负担是否合乎公平原则。按照不同的划分方法，可以将税收负担分为宏观税收负担与微观税收负担、直接税收负担与间接税收负担、名义税收负担与实际税收负担等，这里不再一一赘述。

7.3.2 税收负担转嫁与归宿的含义

所谓税收负担的转嫁，简称税负的转嫁，是指纳税人不实际负担政府向他们征收的税款，而是通过各种途径，将其全部或部分转移给他人负担的过程。所谓税收负担的归宿，是指税收负担的最终归属或转嫁的最终结果。不管税收转嫁的结果如何最终总有人承担税收，最终承担税收的人被称为负税人。在税收转嫁的过程中，纳税人和负税人是可以分离的，纳税人只是法律意义上的纳税主体，负税人是经济意义上的税收承担主体。

7.3.3 税收负担的转嫁方式

前转和后转是税收转嫁的两种基本形式，其他形式由它们衍生而来。

（1）前转，也称顺转，是指纳税人在进行交易时，按征税商品的流转方向，以提高售价的办法，把所纳税款向前转嫁给商品的购买者或消费者负担的过程。前转多应用在商品税上，是税收转嫁最典型、最普遍的形式。

（2）后转，也称逆转，是指纳税人以压低购价的办法，把税款向后转嫁给货物或劳务的供应者负担的过程。后转多应用于对生产要素征收的税种，如公司所得税。

（3）混转，也称散转，是指对纳税人而言，前转和后转可以兼有，也就是将税款一部分向前转嫁给商品的购买或消费者，另一部分向后转嫁给商品供应者。

（4）税收资本化，也称资本还原，是后转的一种特殊形式，是指应税的具有长期收益的资本品（主要是土地、房屋等）在交易时，买主将资本品可预见的未来应纳税款，按一定的贴现率折算为现值，从所购资本品价格中进行一次性的扣除。在该资本品交易后，税款名义上虽由买主按期纳税，实际上税款已经由卖主负担。

7.3.4 税收负担转嫁与归宿的影响因素

1. 税收负担转嫁实现的前提条件

税收负担转嫁的途径是通过商品价格的变动来实现的，转嫁的幅度取决于商品的供求弹性，如果价格没有变动，税收负担转嫁就不会发生。由此可见，商品价格的自由浮动是税收负担转嫁实现的前提条件。以商品或劳务为征税对象的流转税，其征税对象在流转过程中与价格关系密切，因此，流转税可以实现税收负担的转嫁。以财产和所得额为征税对象的税收则不具备这些条件。因此，财产税和所得税一般不能转嫁税收负担。

2. 影响税收负担转嫁和归宿的因素

各种税收的负担转嫁的难易程度是不一样的。一种税收在何种情况下可以转嫁给他人负担，主要受3种因素影响：价格弹性、税收方式、市场竞争状况。

（1）价格弹性。价格弹性越高越容易转嫁税收负担。价格弹性可以分为需求的价格弹性和供给的价格弹性。

需求的价格弹性，指价格变动的比率所引起的需求量变动的比率，即需求量变动对价格变动的反应程度。需求的价格弹性越大，通过提高售价把税收负担向前转嫁给商品的消费者越困难。需求的价格弹性越小，税收负担越容易由消费者负担。

供给的价格弹性，指价格变动的比率所引起的供给量变动的比率，即供给量变动对价格变动的反应程度。某种商品的供给的价格弹性大，意味着该商品的生产者能适应市场的变化调整生产结构，因而在与原材料厂商及消费者的关系上处于比较主动的地位，易于把税收负担转嫁出去。反之，若商品的供给的价格弹性小，税收负担不易被转嫁出去。

（2）税收方式。税收方式中的税种、征税对象和征税范围会对税收负担的转嫁和归宿产生影响。

税收种类中，间接税比直接税更容易被转嫁。直接税就是人头税，即按照人头征收的税收，包括个人所得税、公司所得税和财产税等。因为直接税的一个重要特点是其税款不包含商品的价格，因此税收负担不能被转嫁。而销售税、营业税等间接税，可直接通过将税款包含于价格之中而将税收负担转嫁出去。

征税对象中，若选择需求的价格弹性小、供给的价格弹性大的商品作为征税对象，那么消费者是主要的税收负担承担者；反之，若选择需求的价格弹性大、供给的价格弹性小的商品作为征税对象，那么生产者是主要的税收负担承担者。

征税范围中，若在同类商品中，只对某一部分商品征税，则税收负担的转嫁比较困难，主要由生产者承担；若征税范围扩大，消费者就难以通过购买替代品来避开税收负担，税收负担就容易被转嫁。

（3）市场竞争状况。一般来讲，越是竞争性的市场，由于供需双方对价格的影响力量越小，税收负担越难以被转嫁；反之，越是垄断性的市场，越容易实现税收负担的转嫁。那么在两种完全极端的市场中，完全竞争市场中，每个生产者只是商品价格的接受者，税收负担难以被转嫁出去；完全垄断市场中，每个生产者是商品价格的制定者，税收负担就容易被转嫁出去。

专栏：税制改革：用"减法"换"加法"

刚刚结束的中央经济工作会议指出，要降低企业税费负担，进一步正税清费，清理各种不合理收费，营造公平的税负环境，研究降低制造业增值税税率。

作为全面深化改革的"先行军"，税制改革"牵一发而动全身"，是"十三五"时期改革的重头戏之一。目前，我国正在实施两项大规模的税改：2016 年 5 月 1 日起，在全国范围内全面推开营业税改征增值税（营改增）；7 月 1 日起，全面实施以清费立税、从价计征为主要内容的资源税改革。税制改革，正在用政府收入的"减法"，换取市场活力的"加法"。

营改增：2016 年减税将超 5 000 亿元

5 月 1 日，营改增全面试点推开，建筑业、房地产业、金融业和生活服务业 4 大行业被纳入试点。国家税务总局总会计师王陆进透露，2016 年 5 月至 10 月，新纳入试点范围的 4 大行业累计减税 965 亿元。26 个细分行业全部实现了总体税负只减不增的预定目标，税负下降 14.8%。

随着改革全面推开，不少企业乘着这股利好的改革东风，税负呈现大幅下降。"营业额增加了，缴的税反而少了。公司 7 月份不含税收入 576 万元，实际缴纳增值税 3.41 万元，减少 5.41 万元，税负下降了 60.1%。"北京慕田峪长城旅游服务有限公司财务总监周月敏告诉记者："相比营业税，增值税税制更加科学。由于公司供应链单位均为增值税一般纳税人，抵扣链条完整，以后的减税效应会更加明显。"

该公司会计赵鹏向记者透露："公司营业收入中有 30 万元来自停车场、店铺等不动产经营租赁，营改增后由于进行了简易征收备案，税率一下从11%降为了5%，税额下降120%；慕田峪长城还属于文物保护单位，根据政策规定第一道门票397万元的收入全部免征。"

对此，北京市怀柔区国税局负责人告诉记者，营改增纳税人通过进项税额抵扣以及简易征收、特殊行业税收减免、小微企业税收优惠等多种政策备案，税率较之营业税虽有提高，但税负只降不增。

数据显示，2016年营改增改革减税预计超过4 700亿元，加上带来的城市维护建设税和教育费附加减收，全国减税总规模将超5 000亿元。

"总体看，作为本届政府成立以来最有力的降成本措施，营改增减税降负的效果已经并将持续显现。"财政部副部长史耀斌表示，下一步，财政部、税务总局将继续会同相关部门，及时解决行业性、整体性问题，完善试点政策，打通政策落地的"最后一公里"。

资源税改革：大部分企业负担降低

作为助力供给侧结构性改革的重要举措，税制改革担负着企业"降成本"的改革任务。继5月1日营改增试点全面推开后，从今年7月1日起，我国全面推开资源税改革，全面实行从价计征，全面清理收费基金，并启动水资源税试点，释放出"十三五"涉入深水区的财税体制改革提速的积极信号。

按改革前政策计算，政策推行后的3个月，全国129个税目应征资源税费94.01亿元，改革后，实际征收资源税收入72.89亿元，总体减负21.12亿元，降幅22.47%，绝大部分税目负担下降。"总体上看，本次资源税全面改革在清费立税前提下，构建的从价计征机制得到了普遍认可，使绝大部分企业负担减轻。"国家税务总局税收科学研究所所长李万甫说。

从目前来看，降成本的系列举措中，减税降费可谓力度最大、效果最直接。而为企业减负仅是税改红利的其中一项，更多的红利体现在制度优化等层面。例如，资源税的从价计征机制发挥了较好的调节作用。专家表示，本次改革全面推开了资源税从价计征方式，有利于发挥资源税随矿价升降而增减的自动调节作用。此外，促进矿产资源节约利用的政策效应和促进用水节约的成效都已经显现。

李万甫说，营改增、资源税的全面改革，在理顺政府与企业分配关系的同时，也涉及中央与地方之间的税收分配。其中，营改增后中央与地方按照50∶50分成，这与以前中央与地方按照75∶25分成相比，更加有利于刺激地方的积极性。

减税降费：让"良税"发挥更大作用

中央经济工作会议提出，2017年要继续深化供给侧结构性改革，深入推进"三去一降一补"。在降成本方面，要在减税、降费、降低要素成本上加大工作力度。

中国社科院财经战略研究院院长高培勇指出，在保持宏观政策稳定性背景下，2017年积极的财税政策的最大发力空间，是继续大力实施减税降费，真正把企业负担减下来。

目前来看，经济呈现出筑底企稳的迹象，但是复苏反弹的基础还不牢固，未来减税降费仍将持续发力。营改增、资源税改革试点的深入推进，以及化妆品消费税税率调降等，都将持续释放红利。

"财税改革一头连着政府，一头连着市场，是国家治理的重要内容。"中国财政科学研究院院长刘尚希指出，作为深化财税改革重头戏，未来营改增等改革还要在完善增值税税率等方面继续推进，让"良税"发挥更大作用。

资料来源：杨亮. 税制改革：用"减法"换"加法"［N］. 光明日报，2016-12-18（01）.

总结提要

1. 税收是国家为满足社会公共需要，依据其职能，按照法律规定，参与社会产品的分配，强制、无偿地取得公共收入的一种规范形式。其本质就是国家凭借公共权力，按照法律所规定的标准和程序，参与国民收入分配，强制取得公共收入的一种特定分配方式。

2. 税收特征可以概括为：强制性、无偿性和固定性，也就是所谓的"税收三性"。

3. 税收的构成要素，是指组成税收总体的成分。主要有：①纳税主体；②纳税客体；③税率。

4. 根据不同的标准，可以对税收进行不同的分类。按征税对象的不同主要分为所得税、流转税和财产税；按计量课税对象的标准不同可划分为从价税和从量税；按税收与价格的关系可划分为价内税和价外税；按税负能否转嫁可划分为直接税和间接税；按税收管理权限和使用权限可划分为中央税、地方税、中央和地方共享税。

5. 税收原则又称征税准则，是指国家进行税收活动的准则，并依此制定税收的具体制度和政策。现代税收原则主要有：①财政原则；②经济原则；③公平原则。

6. 最优税收理论就是通过规范分析，研究如何构建兼顾效率原则与公平原则的税收制度。其研究的是政府在信息不对称条件下，如何征税才能保证效率与公平的统一一问题。其核心在于对税收的公平与效率原则进行整合，力求在两者的权衡取舍之间选择一个最优的组合。

7. 税收负担指的是征税减少了纳税人的可支配收入的数额，从而对其造成的经济利益的损失或使其承受的经济负担。税收负担的转嫁，简称税负的转嫁，是指纳税人不实际负担政府向他们征收的税款，而是通过各种途径，将其全部或部分转移给他人负担的过程。

8. 影响税收负担转嫁和归宿的因素主要有：税收方式、价格弹性、市场竞争状况和区位流动性。

复习思考题

1. 税收的本质是什么？

2. 简述税收的主要特征。

3. 简述税收的构成要素。

4. 简述税收的分类。

5. 税收原则包含哪些?

6. 试结合最优税收理论论述如何构建兼顾效率原则与公平原则的税收制度。

7. 论述影响税收负担转嫁和归宿的因素。

第 8 章　公共债务

本章学习目标：

- 准确把握公债的含义、特征、作用和分类；
- 基本掌握公债规模的含义和测量；
- 熟练掌握公债的发行与偿还；
- 基本了解公债的负担及风险。

公共债务，简称公债，是政府在税收之外取得收入的一种特殊形式，也是一种调节经济的重要手段。

8.1　公债概述

8.1.1　公债的含义

公债，也就是公共部门举借的债务，是相对于私债而言的。具体来讲，是公共部门为维持其存在和满足其履行职能的需要，在有偿条件下，筹集资金时形成的债务，是公共部门取得公共收入的一种形式。与公债相比，公共部门无偿筹集公共收入的方式主要有：税收、规费、国有企业利润上缴等形式。

值得注意的是，"公债"和"国债"这两个词语在许多场合常常被混用。我们应该对其进行严格区分。国债特指由中央政府发行的公债，是公债的主要组成部分。而地方政府债务不属于国债，但是它属于公债的范畴。简而言之，公债包含国债和地方政府债。

8.1.2　公债的特征

1. 有偿性

通过发行公债筹集的公共收入，公共部门必须将其作为债务如期偿还，并且还要按事先规定的条件向认购者支付一定数额的利息。

2. 自愿性

公债的发行和认购是建立在认购者自愿承购的基础上。认购者买与不买，购买多少，完全由认购者自己根据个人或单位情况自主决定，发行公债的公共部门不能指派具体的承购人。

3. 灵活性

公债发行与否以及发行多少，一般由公共部门根据自身公共收入的富裕程度灵活地加以确定，不必通过法律形式预先加以规定。

公债的有偿性决定了公债的自愿性；而公债的有偿性和自愿性又决定和要求发行上的灵活性。

8.1.3　公债的作用

1. 弥补财政赤字，平衡财政收支

以发行公债的方式弥补财政赤字，有助于实现财政平衡。实现国家财政收支平衡是保证国民经济良性循环的重要条件。在现实的经济活动中实现财政预算平衡的方法很多，公债是主要方法之一。但以发行公债弥补财政赤字也存在一定问题：一是容易导致财政收支的恶性循环；二是公债集中过多社会闲置资金可能会降低社会的投资和消费水平。

2. 筹集建设资金

公债筹集建设资金，增加公共部门集中的资金量，促进社会经济的发展。在国家财政预算收支规模确定的基础上，根据国民经济发展的实际需要，可以发行公债来取得收入，然后再安排其用于最急需的建设项目上。这等于是扩大了投资需求总量。

3. 调节国民经济的发展

公债通过对发行对象的选择和公债收入资金用途的安排，公债可以调节国民收入的使用结构，调节国民经济的产业结构，调节社会的货币流通和资金供求，从而促进经济结构的协调与均衡，保证国民经济持续快速地发展。

8.1.4　公债的分类

1. 按偿还期限分类

按偿还期限划分，公债可以分为短期公债（1 年以内的）、中期公债（1~10 年）和长期公债（10 年以上）。其中，中期公债在发行的公债中占有较大比重。

2. 按发行区域分类

按发行区域划分，公债可以分为国内债务（内债）和国外债务（外债）。内债和外债的界定都遵循属地原则，内债对货币的种类和购买者没有限制，强调在本国发行。外债是本国发债主体在别国或国际市场发行，要经本国政府同意，必须以外币购买。

3. 按发行主体分类

按发行主体划分，公债可以分为中央公债和地方公债。中央公债就是中央政府直接发行并承担直接债务的公债，其收入被列入中央政府预算。由地方政府直接发行和负有直接偿还义务的债务被称之为地方公债，其收入被列入地方政府预算。地方公债有时候也可以超出本地区发行。

4. 按流通性分类

按流通性划分，公债可以分为可转让公债和不可转让公债。可转让公债是指可以通过金融市场交易转让的公债，也称上市公债。可转让公债是各国政府筹集资金的一种主要形式，一般占全部公债比重的 70% 左右。不可转让公债是指不通过金融市场交易转让的公债，也称之为非上市公债。

此外，公债还可以按发行对象分为储蓄债券和专用债券，按利率情况分为固定利率公债、市场利率公债和保值公债。国债按计量单位分为货币国债、实物国债和折实国债，按发行的凭证分为凭证式国债（储蓄式国债）和记账式国债（无纸化国债）等。

8.2 公债的规模

8.2.1 公债规模的含义

公债的规模，就是指公共部门举借公债的数额及其制约条件，具体来说包括三层含义：

（1）公共部门历年发行公债的累计余额；

（2）公共部门当年新发行公债的总额；

（3）公共部门当年到期需还本付息的公债总额。

前两层含义是从流量的角度来界定的，第三层含义是从存量的角度来界定的。

8.2.2 公债规模的测量

公债的规模在目前的公债管理中仍然是使用一系列指标来测量的。测量公债规模的指标有两种：一是绝对规模的测量指标，二是相对规模的测量指标。

1. 公债绝对规模的测量指标

公债绝对规模的测量指标是指公债规模的绝对额度，因各国而异，但主要包括：

（1）公债总额，也称公债余额，即公共部门历年累积公债的总规模。

（2）公债发行额，即公共部门当年发行公债的总额。

（3）公债还本付息，即公共部门当年到期需还本付息的公债总额。

对公债总规模的控制是防止债务危机的主要环节。

2. 公债相对规模的测量指标

为便于对公债规模进行比较，一般采用相对指标。而且由于相对规模的测量指标综合考虑了公债数额与国民经济和公共部门收支状况之间的关系，所以，相对规模的测量指标更具有普遍意义。这里介绍常用来判断公债相对规模的四个测量指标：

（1）公债负担率。公债负担率是指当年公债余额占当年国内生产总值的百分比，用公式表示如下：

公债负担率 =（当年公债余额/当年国内生产总值）×100%

公债负担率是测量公债规模最为重要的一个指标。这一指标反映了国民经济对公债的负担能力。一般来说，公债负担率越高，国民经济承受债务负担的能力越大，财政的偿债能力也越强。欧盟成员国于 1991 年签订的《马斯特里赫特条约》中明确规定，公债负担率的最高限额为 60%。我国学者一般认为我国的公债负担率应该保持在

20%左右。

（2）公债依存度。公债依存度是指当年公债发行额占当年财政支出的百分比，用公式表示如下：

公债依存度＝（当年公债收入额/当年财政支出额）×100%

在实际运用中又分两个口径：

国家财政的公债依存度＝（当年公债收入额/当年国家财政支出额）×100%

中央财政的公债依存度＝（当年公债收入额/当年中央政府财政支出额）×100%

公债依存度这一指标反映了财政支出对公债的依赖程度。公债依存度越大，说明财政的基础越薄弱，对债务收入的依赖程度越高，财政中潜在的风险也越大。一般来讲，公债依存度有一个国际上公认的安全线，即国家财政依存度为15%~20%，中央财政依存度为25%~30%左右。根据国际货币基金组织（IMF）的统计，发达国家的公债依存度较低，近年来平均水平一直在12%左右，发展中国家的公债依存度要高一些，许多国家都超过了20%。

（3）借债率。借债率是指当年公债发行额占当年国内生产总值的百分比，用公式表示如下：

借债率＝（当年公债发行额/当年国内生产总值）×100%

借债率这一指标一方面反映了当年公债发行额与经济总规模的数量关系。发行公债在当年是对国内生产总值的一种再分配，其对社会需求总量的影响似乎不大，但在负债期和偿还期则形成国家的债务余额，影响国家的还债能力。按照经验，一个国家对这一指标应控制在5%~8%。

（4）偿债率。偿债率是指当年公债还本付息额占当年国内生产总值的比率，用公式表示如下：

偿债率＝（当年公债还本付息额/当年国内生产总值）×100%

偿债率这一指标反映了财政还本付息的能力。通常情况下，该指标以5%~6%为宜。应当指出的是，控制偿债率的关键便是控制公债的发行额。

当然，除了上述四个指标外，还有其他测量公债相对规模的指标，如公债发行额占当年国民收入的百分比、公债还本付息额占当年财政支出的百分比等，在此不再一一列举。

8.3 公债的发行与偿还

8.3.1 公债的发行

公债的发行是指公债由公共部门售出或由投资者认购的过程。公债发行的核心是确定公债发行的价格和方式。

1. 公债的发行价格

公债的发行价格是指公共部门以什么价格出售公债，可以高于或低于公债的面值。

影响公债发行价格的因素主要有票面利率水平、债券的期限长短、公共部门的信用程度、债券的流动性等。公债的发行价格包含以下三种情况：

（1）平价发行，是指公债按其票面标明的金额出售。

（2）折价发行，是指公债按低于其票面标明的金额出售。

（3）溢价发行，是指公债按高于其票面标明的金额出售。

导致公债折价或溢价发行的原因是，公债实际发行时，其票面利率与金融市场的利率水平出现不一致。当公债的票面利率低于金融市场的利率水平，公债就要以低于其面额的价格出售，否则，公债就卖不出去。

如果以 P 代表公债的发行价格，M 代表公债的票面价格，r 代表公债的票面利率，R 代表公债的基准利率，n 代表偿还期限，则公债发行价格表示如下：

（1）到期一次还本付息、单利计息情况下：

$$P = \frac{M \times (1 + r + n)}{(1 + R)^n} \tag{8.1}$$

（2）到期一次还本付息、复利计息情况下：

$$P = \frac{M \times (1 + r)^n}{(1 + R)^n} \tag{8.2}$$

（3）分期付息、到期还本情况下：

$$P = (M \times r)\left[\frac{1}{1 + R} + \frac{1}{(1 + R)^2} + \cdots \frac{1}{(1 + R)^n} \right] + \frac{M^n}{1 + R} \tag{8.3}$$

2. 公债的发行方式

公债发行方式是指采用何种方法和形式来发行公债。公债主要的发行方式有：

（1）公募法，是指公共部门向社会公众募集公债的方法，一般适用于中短期政府债券，特别是国库券的发行。具体有三种方法：直接公募法、间接公募法、公募招标法。

（2）承受法，是指由金融机构承购全部公债，然后转向社会销售，未能售出的差额由金融机构自身承担。

（3）公卖法，是指公共部门委托推销机构利用金融市场直接售出公债。

8.3.2　公债的偿还

公债偿还是指公共部门根据公债发行时的规定，到期偿还公债的本金和支付利息。公债偿还主要涉及两个问题：一是偿还方式；二是偿还的资金来源。

1. 公债的偿还方式

公债偿还是公债运行的重点。虽然公债偿还时的本金和利息都是在公债发行时就规定好的，但何时偿还、以何种方式偿还，公共部门有以下几种方式作为选择：

（1）到期一次偿还法，即公共部门在发行的公债到期后，按票面金额一次全部偿清本金和利息。也就是何时公债到期，何时一次偿还。

（2）分期逐步偿还法，即公共部门在公债偿还期内采取分期、分批的方式偿还本金和利息，直至偿还期结束，全部公债偿清为止。其中又分为分次偿还法和抽签偿还法。

（3）市场购销偿还法，即公共部门在债券期限内定期或不定期地赎回公债，使公债期满后消除债务的方法。这种方法只适用于可转让的公债。

（4）以新替旧偿还法，即公共部门通过发行新公债替换旧公债以偿还公债的方法。也就是说，到期公债的持有者可用到期公债直接兑换相应数额的新发行公债，从而延长持有公债的时间。

2. 偿还的资金来源

公债偿还的资金一般包括以下四种来源：

（1）偿债基金，也称减债基金，即由公共部门通过预算设置专项基金用以偿还公债。

（2）财政盈余，即公共部门在财政年度结束时，以当年财政收支的结余作为偿还公债的资金。

（3）财政预算列支，即公共部门当年的公债的还本付息支出直接被列入部门预算，用预算资金清偿债务。

（4）举借新债，即公共部门发行新债券为到期公债筹措偿还资金，也就是以借新债的收入作为还旧债的资金来源。这是目前世界各国偿还公债的主要资金来源。

8.4 公债的负担及风险

如何衡量和处理公债的负担和风险是公债发行时必须予以考虑的问题。

8.4.1 公债的负担

公债的负担，就是指由于公债的发行与偿付所引起的真实资源的损失。

公债的负担一般需要从以下四个方面进行分析：

1. 认购者即债权人的负担

公债的发行，相当于认购者的收入让渡给公共部门，必然会对认购者的经济行为产生一定的影响。因此，公共部门发行公债时必须考虑认购者的实际负担。

2. 公共部门即债务人的负担

公债是有偿的，到期需要还本付息。公共部门发行公债时获得了收入，偿还时则成了支出，因此公债的发行过程也就是公债负担形成的过程。所以，公共部门发行公债时要谨慎考虑其偿还能力，量力而行。

3. 纳税人的负担

无论公债发行筹集的资金如何使用，公债偿还的收入来源最终还是税收。这必然带给纳税人负担。

4. 代际负担

公债不仅会形成当前的社会负担，而且在一定条件下还会向后推移，从而形成代际负担问题。由于有些公债的偿还期比较长，公共部门以新债还旧债，并不断扩大债务的规模，就会形成一代人借的债转化为下一代甚至下几代人的偿还负担问题。

8.4.2 公债的风险

公债既是政府的一种公共收入，又是政府进行宏观经济调控的重要的政策工具。如果公债存在风险，就会影响政府信用或影响国民经济的正常运行。公债风险是指公债在发行、流通、使用和偿还过程中，由于各种不确定因素的存在，所引发的各种问题及这些问题对经济、政治、社会的冲击和影响。当出现公债无法偿还的情况，就产生了所谓的公债危机。公共经济学界对公债风险的广泛关注和研究，产生了古典学派的政府债务风险理论、新经济学派的政府债务理论、开放经济条件下的政府债务理论、公共选择学派的政府债务理论和"隐性债务"理论等学术流派。

一般来讲，只要发行公债，就会有公债风险；任何公债都有风险，只是风险的大小不同而已。按照风险产生的原因，公债风险可以分为公债信用违约风险、公债再融资风险、公债流动性风险和公债市场风险。其中，公债信用违约风险又是公债的主要风险。

目前，中国公债规模已空前庞大，并且仍在迅猛地扩张。中国的公债规模是否合理？中国的经济发展是否能承受得起？中国会不会由此而债台高筑，引发债务危机？这些问题都值得深入思考。外界对中国公债的关心，也使政府高度重视地方债潜在风险。作为地方政府筹措财政收入的一种形式而发行的地方债，截至 2016 年年底，地方债共发行 1 159 只，规模合计 6.05 万亿元。其中地方政府一般债 3.53 万亿元，专项债 2.51 万亿元。虽然地方债总体风险可控，但出现了个别地区债务风险超过警戒线、违法违规融资担保现象时有发生、一些 PPP 项目存在不规范现象等新问题，需引起重视。

专栏：地方债风险管控要有"问题导向"

2016 年 11 月 14 日，国务院办公厅发布《地方政府性债务风险应急处置预案》（以下简称《预案》），根据政府性债务风险事件的性质、影响范围和危害程度等情况，将地方政府性债务风险事件划分为四个等级，实行分级响应和应急处置，必要时依法实施地方政府财政重整计划。《预案》还明确提出：地方政府对其举借的债务负有偿还责任，中央实行不救助原则。

颁行地方债风险管控新规，目的就是化解地方债局部风险。尽管我国地方政府性债务总体可控，平均债务率低于主要市场经济国家和新兴市场国家水平，但是，也存在个别地区超警戒线，地方政府违规隐性担保现象难以杜绝，借 PPP（政府和社会资本合作）项目保底承诺、回购安排等方式变相融资等现象。

化解这些潜在风险，就是化解宏观经济运行的隐忧。最近一年多来，通过对地方债实施限额管理、将地方债务分类纳入预算管理等一系列改革措施，已基本搭建起了地方债管理的制度框架。但无需讳言，制度建设还在路上，还未到完成时。借 PPP 通道变相举债的现象表明，必须扩大地方债管理制度容量，才能在化解旧风险的同时防范新风险，为彻底解决地方债风险问题创造条件。

地方债管理新规，可谓"正当其事"。设定四级应急机制和相关指标，指向的是风险怎么防；依法分类处置债务，指向的是债务怎么还；违规担保承诺无效，指向的是隐形担保怎么禁；高风险地区将启动地方政府财政重整，指向的是预算与举债水平匹配；中央财政不兜底，指向的是责任主体的锁定。管理越细化，约束越硬化，地方债风险溢出的概率越小。

地方债管理新规，也是"正当其时"。近年来，地方政府财政收入增幅有所下滑，加之债务偿还高峰期到来，一些地方举债冲动因此增长。据央行有关部门数据，与近两年财政收入增长 8.4% 左右的幅度相比，一些地方的政府性债务增幅超过数倍。显然，这样的举债规模不可持续，也容易遗留下重大风险隐患。引入及时有效的风险评估和预警机制，如同为地方举债行为安装了报警器，有助于遏制缺乏风险评估的举债冲动，将风险化解在源头。

那么，有了新规，地方债是否就能管得好？作为财政政策效应的组成部分，能否管好地方债，要看潜在风险是否趋于化解，地方举债行为是否规范，同时更要看财政政策是否得以优化。地方债局部风险隐患的生成，本质上源于过去发生风险事件有中央财政兜底的思维惯性，源于地方政府作为责任主体难以确定，源于央地财政体系还未完全理顺。这也正是建立现代财政制度的主要难点和关键所在。财政制度的优化，是化解地方债风险离不开的前提。

从这个角度说，化解地方债务风险，不能停留在倒逼地方政府提高债务风险预警意识这一步，而要真正把握住问题导向，瞄准核心问题，以建立现代财政制度为目标，驰而不息，久久为功，通过持续不断的制度建设，让地方在举债机制上少一些不科学的行政化意志，多一些法律制度的遵循；少走一些无序举债的老路，多做一些改善投资环境、政商环境的创举；少一些急功近利的政绩需求，多一些长期建设理念。如此，地方债管理新规的政策效应才能最大化，地方债风险管控才能有的放矢地做到管得住、管得好。

资料来源：徐立凡. 地方债风险管控要有"问题导向"［N］. 人民日报，2016-11-16 (5).

8.5　公债的经济效应

8.5.1　李嘉图等价定理

英国著名的政治经济学家大卫·李嘉图（David Ricardo）在《政治经济学及赋税原理》中提出：政府为筹措战争或其他经费，采用征税还是发行公债的影响是等价的。这是"李嘉图等价定理"思想的来源。1974 年，美国经济学家罗伯特·巴罗（Robert J. Barro）在其发表的《政府债券是净财富吗？》一文中，用现代经济学理论对李嘉图的上述思想进行重新阐述。1976 年，詹姆斯·布坎南（James Buchanan）发表的题为《巴罗的〈论李嘉图等价定理〉》的评论中，首次使用了"李嘉图等价定理"这一表述。

李嘉图等价定理的核心思想在于：地方支出是通过发行公债融资还是通过税收融资没有任何差别，即债务和税收等价。公债不是净财富，政府无论是以税收形式还是以公债形式来取得公共收入，对于人们经济选择的影响是一样的。即公债无非是延迟的税收，在具有完全理性的消费者眼中，债务和税收是等价的。

李嘉图等价定理并不符合真实情况，因为它是建立在以封闭经济和政府活动非生产性为假设条件下得出的。

8.5.2 公债的经济效应分析

公债的经济效应是指公债的运行对社会经济活动的影响，这种影响是多方面的。分析公债的经济效应，可以从以下四个角度进行探讨：

1. 公债的资源配置效应

公债作为公共部门取得收入的手段，会对资源数量和结构产生一定的影响。

（1）公债对资源数量的影响。一是从国内公债角度看，公债认购者暂时放弃了一部分使用权，资源拥有量暂时减少，而政府资源拥有量暂时增加，这一增一减绝对值相等，并没有影响一个国家的资源总量；二是从国外公债角度看，发行公债后，资源从国外流向国内；公债偿还后，资源从国内流向国外。这表明国外公债影响了一个国家的资源总量。

（2）公债对资源结构的影响。公债是公共部门的一种投资手段，对资源结构的改变产生一定作用。通过公债调节资源结构，主要表现为通过公债筹集的资金有目的地投向需要重点发展的产业和行业，即主要进行增量调节。

2. 公债的收入分配效应

公债是公共部门的重要收入，公共部门举借的公债增加，表明其所拥有的财政收入增加，可以弥补其他公共收入特别是税收的不足。同时，公债发行也会影响社会成员的收入分配，会对当代人的收入分配和后代人（代际）的收入分配产生影响。一般认为，公债不利于社会收入分配的公平。因为，公债吸纳的是社会闲置资金，而这些资金主要来源于富裕阶层。发行越多，社会收入分配越不平均。

3. 公债的总需求效应

社会总需求由私人部门支出和公共支出共同构成。其中，公债最终将用于公共支出。发行公债，扩大公共支出，对国民经济发展起到扩张性作用，刺激和促进了国民经济的增长。但在一定时期，在社会资金总量一定的条件下，公债发行量的多少涉及资金总量在不同部门使用份额的变化。因此，又会产生一定的挤出效应。一般来讲，公债对于总需求的影响有两方面：一是叠加在原有的总需求之上，增加了总需求；二是在原有的总需求内部只改变总需求的结构，不增加总需求。

4. 公债的货币效应

分析公债的货币效应可以从公债运行的过程对货币供给的影响展开：

（1）公债发行对货币供给的影响。公共部门发行的公债，通常是由中央银行、商业银行和非银行部门（企业、机构和个人）三个主体认购的。公债认购的主体不同，其产生的货币效应有很大区别。中央银行认购对货币供给的影响最大，商业银行认购次之，非银行部门认购的影响最小。

（2）公债流通对货币供给的影响。在公债的流通过程中，公债的自由买卖不仅能融通资金，而且会产生较强的货币效应。货币效应表现在两方面：一是公债充当流通手段和支付手段，事实上增加了流通中的货币量；二是公债流通对货币的吸纳，等于减少相应的货币供应量。

（3）公债偿还对货币供给的影响。公债最终是要偿还的。偿债资金的来源有三个：发行纸币、发行新债和增加税收。政府通过中央银行发行纸币来偿还公债，会导致需求拉上型通货膨胀，对经济长期发展极为不利。

总结提要

1. 公债，也就是公共部门举借的债务，是公共部门为维持其存在和满足其履行职能的需要，在有偿条件下，筹集资金时形成的债务，是公共部门取得公共收入的一种形式。

2. 公债的特征主要包括：①有偿性；②自愿性；③灵活性。

3. 公债的作用主要体现在：①弥补财政赤字，平衡财政收支；②筹集建设资金；③调节国民经济的发展。

4. 公债按偿还期限划分，可以分为短期公债（1 年以内的）、中期公债（1—10 年）和长期公债（10 年以上）；按发行区域划分，可以分为国内债务（内债）和国外债务（外债）；按发行主体划分，可以分为中央公债和地方公债；按流通性划分，可以分为可转让公债和不可转让公债。

5. 公债的规模，就是指公共部门举借公债的数额及其制约条件，具体来说包括三层含义：①公共部门历年发行公债的累计余额；②公共部门当年新发行公债的总额；③公共部门当年到期需还本付息的公债总额。

6. 测量公债规模的指标有两种：一是绝对规模的测量指标，二是相对规模的测量指标。

7. 为了便于对公债规模进行比较，一般用相对指标。主要有：①公债负担率；②公债依存度；③借债率；④偿债率。

8. 公债的发行是指公债由公共部门售出或由投资者认购的过程。公债发行的核心是确定公债发行的价格和方式。

9. 公债偿还是指公共部门根据公债发行时的规定，到期偿还公债的本金和支付利息。公债偿还主要涉及两个问题：一是偿还方式；二是偿还的资金来源。

10. 李嘉图等价定理的核心思想在于：地方支出是通过发行公债融资还是通过税收融资没有任何差别，即债务和税收等价。公债不是净财富，政府无论是以税收形式，还是以公债形式来取得公共收入，对于人们经济选择的影响是一样的。即公债无非是延迟的税收，在理性的消费者眼中，债务和税收是等价的。

11. 公债的经济效应是指公债的运行对社会经济活动的影响，这种影响是多方面的。分析公债的经济效应，可以从以下四个角度进行探讨：①公债的资源配置效应；②公债的收入分配效应；③公债的总需求效应；④公债的货币效应。

复习思考题

1. 简述公债的定义和分类。
2. 简述公债的特征和作用。
3. 简述公债的分类。
4. 如何测量公债的规模？
5. 简述公债的发行方式和偿还方式。
6. 结合实际论述如何化解地方债风险。
7. 如何对公债的经济效益进行分析？

第9章　政府间财政关系

本章学习目标：

- 准确把握政府间财政关系的含义；
- 基本了解财政分权理论；
- 基本掌握分税制的含义和类型；
- 基本掌握政府间转移支付的含义、特点和方法。

党的十八届三中全会强调，全面深化改革要发挥中央和地方两方的积极性，传递出财税改革的新方向。公共经济学的一个重大课题，就是研究如何厘清政府间的财政关系，从而有效地提升政府宏观调控的能力。

9.1　政府间财政关系概述

9.1.1　政府间财政关系的含义

分权与集权是政府权力结构的两个向度。按照政府权力的分化情况，现代国家的组织结构形式可以分为单一制、联邦制两种基本形式。一般来讲，无论是单一制国家还是联邦制国家，中央政府必然居于主导地位，在经济运行中起到重要作用。然而随着现代国家的发展，政府管理职能呈现出复杂化和多层次化的趋势，对政府治理的要求越来越高，依靠单一的中央政府进行管理的有效性下降，因此，增加地方政府的权力，提高地方政府的自主性和积极性，发挥地方政府治理主体的作用，成为必然发展方向。但是，随之产生的一个问题是：如何划分中央政府和地方政府的财政权力？如何处理财政集权与分权成为政府间财政关系的中心问题。所谓政府间财政关系，就是指中央政府与地方政府之间在公共收支上的权责关系。

9.1.2　财政分权理论

财政分权，就是指财政权力体系在中央政府与地方政府之间的分散及统一。财政分权是一种世界性现象，西方不同的学者从不同的假定条件出发，论证多级政府以及财政分权的必要性，形成了一系列各具特色的财政分权理论。财政分权理论的提出是为了解释地方政府存在的合理性和必要性，它弥补了新古典经济学不能解释地方政府客观存在这一缺陷。代表理论有：

1. 马斯格雷夫分权理论

马斯格雷夫（Musgrave）在《财政理论与实践》中提出，要建立一个有效的多级财政体制，首先必须解决财政社区最佳规模问题。最佳社区规模的设置必须综合考虑以下两个因素：一是在既定公共服务水平下分担成本递减的有利条件；二是在既定服务水平下社区居民拥挤程度递增的不利条件。马斯格雷夫分析了既定服务水平下最佳社区规模的选择，以及在既定社区规模下最佳服务水平的选择等两种情形。在此基础上，他将最佳社区规模和最佳服务水平两因素结合在一起，提出了财政社区的的最佳结构模型。

2. 斯蒂格勒最优分权模式

美国经济学家乔治·斯蒂格勒（George Joseph Stigler）在《地方政府功能的有理范围》中，从两条原则出发阐述了地方政府存在的必要性，进而说明由地方政府来进行资源配置比中央政府更有效率：一是与中央政府相比，地方政府与辖区内的居民关系更密切，更了解他们的偏好及需求；二是一国国内不同地区的人有权利对不同种类与数量的公共服务进行投票表决，与之相适应，不同种类与数量的公共服务要求由不同级次、不同区域的政府来提供。当然，斯蒂格勒并没有否定中央政府的作用。

3. 奥茨的分权定理

美国经济学家奥茨（Oates）在《财政联邦主义》中提出"财政分权定理"："关于该物品的每一个产出量的提供成本无论对中央政府还是对地方政府来说都是相同的——那么，让地方政府将一个帕累托有效的产出量提供给它们各自的选民，则总是要比中央政府向全体选民提供任何特定的并且一致的产出量有效得多。"他试图说明的是在等量提供公共产品这个限制条件下，某种公共产品由地方政府提供优越于由中央政府提供。

4. 布坎南的俱乐部理论

布坎南在《俱乐部的经济理论》中运用"俱乐部"理论来解释最优地方政府管辖范围的形成问题。所谓俱乐部理论，就是把社区比作俱乐部，研究在面临外部因素的条件下，任何一个俱乐部如何确定其最优成员数量。其理论核心有两个方面：一方面，随着俱乐部新成员的增加，原有俱乐部成员所承担的成本会由更多的新成员分担；另一方面，过多的新成员加入会增加拥挤成本，产生外部负效应。显然，一个俱乐部的最佳规模，应确定在外部负效应所产生的拥挤成本等于由新成员分担成本所带来节约的均衡点上。俱乐部理论论证了地方政府的适当规模问题，即一个地方政府的规模，应该确定在拥挤成本正好等于由新会员承担税收份额所带来的边际收益这一点上。因此在理论上能够断定，存在多个适当规模的地方政府，就可以通过人们在不同辖区之间进行移居来提高资源配置效率。

5. 特里西的偏好误识理论

美国经济学家特里西（Richard W. Tresch）在《公共财政学》中从理论上提出了偏好误识问题。他认为由于信息不完全，中央政府在提供公共产品过程中存在着失误的可能性，易造成对公共产品的过量提供或提供不足。而由地方政府来提供公共产品，社会福利才有可能达到最大化。

6. 蒂伯特的"用脚投票"理论

美国经济学家蒂伯特（Charles Tiebout）在《地方支出的纯粹理论》中提出了"用脚投票"理论。"用脚投票"理论认为，个人在社区间自由流动，选择能够提供给他们最满意的公共产品与税收组合的地方居住，迁移成本与边际收益相等时个人的效用达到最大，此时个人才会停止寻找更好的地方政府；而同时，各区域之间通过相互模仿，相互学习，会实现社会福利的最大化。这个理论说明了，在地方政府之间存在竞争机制，由地方政府提供地方性公共产品，使得中央政府统一提供公共产品带来的非效率性极大降低了。

9.2 分税制

9.2.1 分税制概述

1. 分税制的含义

分税制是指在明确划分各级政府事权和支出范围的基础上，按照事权与财权统一的原则，划分各级政府的税收管理权限与税收收入，并通过转移支付制度加以调节的财政管理制度。分税制是财政分权的典型代表，是市场经济国家普遍推行的一种财政管理体制模式。

分税制主要包括四层含义：

（1）分事，划分各级政府间事权范围和支出责任。

（2）分税，即在各级政府间划分税种，划定各级政府收入来源。

（3）分权，即划分各级政府在税收上的立法权、征管权和减免权等。

（4）分管，即中央政府和地方政府分开管理和使用各自征收的税款。

2. 分税制的类型

在实践中，分税制的类型有两种形式：

（1）按税种划分。大多数发达国家均采用此种方法。按中央和地方政府的税收权限划分还可细分为彻底形式和不彻底形式两种：按彻底形式可划分为中央税和地方税；按不彻底形式可划分为中央税、地方税、中央和地方共享税。

（2）按税源实行分率分征。即中央政府和地方政府对同一税源按不同税率征收。美国就是典型的代表。在美国，所得税是联邦的主体税种；销售税和总收入税是州政府的主体税种；财产税是地方政府的主体税种。

9.2.2 我国的分税制

1993 年，《国务院关于实行分税制财政管理体制的决定》正式发布，决定从 1994 年 1 月 1 日起改革地方财政包干体制，对各省实行分税制财政管理体制。

1. 地方财政包干体制的发展

财政包干，是指地方预算收支核定以后，在保证中央财政收入的前提下，地方超收和支出结余，都留归地方支配，地方短收和超支，中央财政不再补贴，由地方财政自求平衡。财政包干体制是我国为了正确地处理中央财政和地方财政的利益分配关系而实行的一种财政管理体制。

自 20 世纪 50 年代以来，我国地方财政包干体制先后经历了三个阶段。

（1）从 1980 年起，在全国多数地区实行了"划分收支，分级包干"的财政管理体制。它按照企业和事业的隶属关系，把中央和地方的财政收入、支出彻底分开，明确各自的收支范围，并在划定的收支范围内，实行分级包干。

（2）从 1985 年起，在一些省市地区开始实行"划分税种，核定收支"的财政管理体制。它主要是以税种作为划分中央财政收入和地方财政收入的依据。

（3）1988—1990 年期间，为了稳定中央与地方的财政关系，进一步调动地方的积极性，中央对包干办法进行了改进。根据各省、自治区、直辖市和计划单列市的不同情况，分别实行"收入递增包干""总额分成""总额分成加增长分成""上缴额递增包干""定额上缴"和"定额补助"6 种办法。

财政包干体制，在特定的历史时期，调动了地方各级政府管理财政、发展生产的积极性。但同时也存在着诸多问题：地方政府重自身利益，忽视全局利益；基数核定方法不科学；重复引进、重复建设和重复生产；缺乏公平性；等等。因此，随着经济体制改革的深入发展，财政包干管理体制还需要被进一步完善。

2. 分税制的发展

1994 年，一场具有深远影响的分税制改革在中国拉开了序幕。这场分税制改革初步构建了中国特色社会主义制度下中央与地方财政事权和支出责任划分的体系框架，为我国建立现代财政制度奠定了良好基础。这场改革对我国财政收入的增长以及经济和社会发展的推动作用是巨大的。其具体内容主要如下：

（1）中央与地方政府事权和支出的划分。按照中央与地方政府的事权划分，合理确定各级财政的支出范围。中央财政支出包括：国防、外交、武警、重点建设（包括中央直属企业技术改造和新产品试制费、地质勘探费）、中央财政负担的支农支出和内外债还本付息，以及中央直属行政事业单位的各项事业费支出。地方财政主要承担本地区政权机关运转所需支出以及本地区经济、事业发展所需支出，具体包括地方统筹的基本建设投资支出、地方企业的技术改造和新产品试制费支出、支农支出、城市维护和建设费支出，以及地方各项事业费支出。

（2）中央与地方政府的收入划分。根据事权与财权相结合的原则，将税种统一划分为中央税、地方税和中央地方共享税，并建立中央税收和地方税收体系，分设中央与地方两套税务机构分别对其征管。中央固定收入包括：关税、海关代征消费税和增值税，中央企业所得税，非银行金融企业所得税，铁道、银行总行、保险总公司等部门集中交纳的收入（包括营业税、所得税、利润和城市维护建设税），中央企业上交利润，等等。外贸企业出口退税，除现在地方已经负担的 20% 的部分外，以后发生的出口退税全部由中央财政负担。地方固定收入包括：营业税（不含银行总行、铁道、保险总公司的营业税）、地方企业所得税、地方企业上交利润、个人所得税、城镇土地使用税、固定资产投资方向调节税、城市维护建设税（不含银行总行、铁道、保险总公司集中交纳的部分）、房产税、车船使用税、印花税、屠宰税、农业税、牧业税、耕地占用税、契税、遗产税、赠予税、房地产增值税、国有土地有偿使用收入等。中央财政与地方财政共享收入包括：增值税、资源税、证券交易税。增值税由中央分享75%，由地方分享25%。资源税按不同的资源品种划分，将陆地资源税作为地方收入，将海洋石油资源税作为中央收入。证券交易税，中央和地方各分享50%。通过以上改革，中央与地方直接组织财政收入的格局将发生较大变化。按体制测算，中央财政直接组织的收入将占到全国财政收入的60%左右，中央财政支出约占40%左右，还有20%的收入通过建立规范化、科学化的转移支付制度向地方转移。

（3）中央财政对地方财政税收返还数额的确定。政府科学核定地方收支数额，逐步实行比较规范的中央财政对地方的税收返还和转移支付制度。中央财政对地方税收返还数额以1993年为基期年核定。按照1993年地方实际收入、税制改革、中央地方收入划分情况，核定1993年中央从地方净上划的收入数额，即消费税+75%的增值税-中央下划收入（指在原体制中归中央、实行新体制后划给地方的收入），并以此作为中央对地方税收返还的基数。从1994年的开始，税收返还数额在1993年基数上逐年递增，递增率按全国增值税和消费税增长率1∶0.3的系数确定，即全国增值税和消费税每增长1%，中央财政对地方的税收返还增长0.3%。

（4）原包干体制有关事项的处理。实行分税制以后，原体制下，分配格局暂时不变，过渡一段时间后，再逐步规范化。原体制下，中央对地方的补助继续按规定补助。原体制地方上解仍按不同体制类型执行。实行递增上解的地区，按原规定继续递增上解；实行定额上解的地区，按原确定的上解额，继续定额上解；实行总额分成地区和原分税制试点的地区，暂按递增上解办法，即按1993年实际上解数和核定递增率，每年递增上解。

但也要看到，新的形势下，分税制的实施也出现了很多问题，现行的中央与地方财政事权和支出责任划分还不同程度地存在不清晰、不合理、不规范等问题。十八届三中全会公报提出，必须完善立法、明确事权、改革税制、稳定税负、透明预算、提高效率，建立现代财政制度，发挥中央和地方两个积极性。2016年8月24日，《国务院关于推进中央与地方财政事权和支出责任划分改革的指导意见》出台，对推进中央与地方财政事权划分、完善中央与地方支出责任划分、加快省以下财政事权和支出责任划分等给出了具体意见、保障和配套措施。

9.3 政府间转移支付

9.3.1 政府间转移支付概述

1. 政府间转移支付的含义

1928年，庇古在其著作《财政学研究》中最早提出了转移支付这个概念。政府间转移支付，就是指一个国家的各级政府之间在既定的职责范围、支出责任和税收划分框架下所进行的财政资金的相互转移。政府间转移支付包括上级政府对下级政府的各项补助、下级政府向上级政府的上解收入、共享税的分配以及发达地区对不发达地区的补助等。一般来讲，可以将政府间转移支付分为上下级之间的纵向转移支付和地区之间的横向转移支付两种形式，一般以纵向转移为主。

2. 政府间转移支付的特点

（1）政府间转移支付的范围只限于政府之间，它是在政府之间进行的财政资金分配活动。

（2）政府间转移支付是无偿的支出，这部分支出的分配原则不是等价交换，而是按均等化原则来分配。

（3）政府间转移支付并非政府的终极支出，只有接受转移支付的政府主体将资金使用出去后，才形成终极支出。

3. 实行政府间转移支付的理论依据

实行政府间转移支付的必要性和政策目标的确定，取决于政府间转移支付的理论依据。概括起来，政府间转移支付的理论依据有以下四个方面：

（1）纠正政府间的纵向财政失衡。大部分国家通过政府间转移支付实现纵向财政平衡，即弥补不同层级政府自身支出与收入之间的财政缺口。

（2）纠正政府间的横向财政失衡。有时候也被称为均等化，就是指一个国家的所有公民，无论其居住在任何地区，都有权利享受政府提供的基本均等的公共产品，如教育、医疗等。根据均等化的目标，经济相对落后、财政实力相对较弱的地区可以得到上级政府较多的转移支付。

（3）纠正某些公共产品的外部性。当地区间存在外部性问题时，即一个地方政府的公共产品不仅使本区居民享受，也惠及其他地区。地方政府往往没有足够的动力提供足够的此类公共产品。为鼓励地方政府提供更多数量的该类公共产品，有必要提供某种形式的配套拨款，转移支付就可以解决这个问题。

（4）加强中央财政对地方财政的宏观调控。对中央财政来说，可以通过长期努力，多集中一些财政收入，提高中央政府对区域经济发展的宏观调控能力，并通过对地方政府不同形式的补助，贯彻中央政府宏观调控的政策意图，增强财政资金的边际使用效益，促进资源的有效配置。通过建立合理的财政转移支付制度，更可以使中央财政从与各省的博弈中解脱出来，集中精力提高管理水平，加强宏观调控。

9.3.2　政府间转移支付的种类及方法

1. 政府间转移支付的种类

（1）根据地方政府使用补助资金权限的大小可将政府间转移支付划分为无条件转移支付和有条件转移支付两类。无条件转移支付，又称为收入分享或一般性补助，是指中央政府向地方政府拨款，不附带使用条件，也不指定资金的用途。有条件转移支付，又称为专项补助，是指一种具有明确的资金用途规定即附有关于资金使用的附加条件的政府间转移支付形式。

（2）根据政府间的关系可将政府间转移支付划分为纵向转移支付、横向转移支付和混合转移支付三类。纵向转移支付，主要方法是拨付补助金、共享税和税收分成。横向转移支付，主要用来调整横向失衡。混合转移支付，主要是以纵向为主、横向为辅。

2. 政府间转移支付的一般方法

（1）财政收入能力均等化模式。该模式不考虑地区的支出需求，只考虑地区间财政能力的均等化，依照某种收入指标确定转移支付对象与转移支付额。

（2）支出均衡模式。该模式不考虑地区间财政收入能力的差异，只考虑地区间支出需求的差异。主要被一些发展中国家采用。

（3）收支均衡模式。该模式通过计算各地标准收入能力和标准支出需求，根据收支之间的差额来确定对各个地区的财政转移支付额。

（4）支出需求均衡模式。该模式主要以有限的支出需求与有限的理论收入之间的差额为转移支付的确定依据。

9.3.3 我国中央对地方转移支付制度

建立规范的政府间转移支付制度，是正确处理各级政府间财政关系、充分发挥中央财政纵向与横向平衡功能的一个重要手段。自1994年实行分税制财政管理体制以来，我国逐步建立了符合社会主义市场经济体制基本要求的财政转移支付制度。

1. 我国中央对地方转移支付类型

财政转移支付存在很多分类。目前，我国中央对地方转移支付类型主要是一般性转移支付和专项转移支付。

（1）一般性转移支付，主要包括均衡地区间财力差距的均衡性转移支付、民族地区转移支付以及作为国家增支减收政策配套措施的调整工资转移支付、农村税费改革转移支付等。

（2）专项转移支付，是中央政府对地方政府承担中央委托事务、中央地方共同事务以及符合中央政策导向的事务进行的补助，享受拨款的地方政府需要按照规定用途使用资金，实行专款专用。如基础设施建设、农业、教育卫生、社会保障以及环境保护等方面均设立了专项转移支付项目。

2. 中央对地方转移支付制度存在的不足

据统计，2016年我国中央对地方转移支付规模达到5.29万亿元，其中一般性转移支付3.2万亿元，专项转移支付2.09万亿元，有力地推进了基本公共服务均等化，促进了区域协调发展，保障了各项民生政策的顺利落实。但仍需要清醒地看到，现行中央对地方转移支付制度还存在一些差距和不足。主要表现为：转移支付改革与财政事权、支出责任划分改革衔接不够；转移支付资金统筹力度有待加强，资金闲置沉淀问题依然存在；专项转移支付清理整合没有到位；转移支付管理有待规范，预算公开和绩效评价有待加强；等等。

3. 中央对地方转移支付制度的改革和完善

目前，我国现行的政府间财政转移支付制度的依据主要是政府行政性规章《中华人民共和国预算法》（以下简称《预算法》），并没有关于转移支付制度的基本法。

1994 年，八届全国人大二次会议通过《预算法》。此后，《预算法》经历了多次的修正，最近的一次是 2014 年十二届全国人大十次会议上的修正，自 2015 年起施行。新《预算法》高度重视财政转移支付制度的建设，在总共 11 章中有 7 章涉及转移支付问题，在总共 101 条款中有 11 条涉及转移支付问题。

在制度思路方面，新《预算法》第 16 条规定：转移支付制度的原则为"规范、公平、公开"，转移支付制度的目标是"推进地区间基本公共服务均等化"，转移支付的覆盖范围包括"中央对地方的转移支付和地方上级政府对下级政府的转移支付"，转移支付工作的重点是"以为均衡地区间基本财力、由下级政府统筹安排使用的一般性转移支付为主体"，转移支付制度运行机制包括"建立健全专项转移支付的定期评估机制、退出机制、准入机制以及资金配套机制"。新《预算法》第 38 条规定：转移支付预算编制形式为"一般性转移支付和专项转移支付"；预算编制方法根据类型划分，"一般转移支付预算按照国务院规定的基本标准和计算方法编制，专项转移支付按照分地区、分项目编制"。

在审查监督制度方面，新《预算法》第 48 条规定：转移支付审查监督制度包括各级人民代表大会负责"对下级政府的转移性支出预算是否规范、适当"等情况进行重点审查。新《预算法》第 71 条规定：有关"接受增加专项转移支付的县级以上地方各级政府和乡级政府应当向本级人民代表大会常务委员会和乡人民代表大会报告有关情况"；新《预算法》第 79 条规定：县级以上各级人民代表大会常务委员会和乡级人民代表大会负责对本级"财政转移支付安排执行情况"进行重点审查。

在相关责任追究制度方面，新《预算法》第 93 条规定：对于"擅自改变上级政府专项转移支付资金用途的"行为，在"责令改正"的同时需对"负有直接责任的主管人员和其他直接责任人员依法给予降级、撤职、开除的处分"。

2015 年 2 月，国务院颁布《国务院关于改革和完善中央对地方转移支付制度的意见》，进一步指出改革和完善中央对地方转移支付制度的必要性，并从顶层设计的角度给出具体改革方向：优化转移支付结构；完善一般性转移支付制度；从严控制专项转移支付；规范专项转移支付分配和使用；逐步取消竞争性领域专项转移支付；强化转移支付预算管理；调整优化中央基建投资专项；完善省以下转移支付制度；加快转移支付立法和制度建设；等等。

总结提要

1. 所谓政府间财政关系，就是指中央政府与地方政府之间在公共收支上的权责关系。

2. 财政分权，就是指财政权力体系在中央政府与地方政府之间的分散及统一。代表理论有：①马斯格雷夫分权理论；②斯蒂格勒最优分权模式；③奥茨的分权定理；④布坎南的俱乐部理论；⑤特里西的偏好误识理论；⑥蒂伯特的"用脚投票"理论。

3. 分税制是指在明确划分各级政府事权和支出范围的基础上，按照事权与财权统一的原则，划分各级政府的税收管理权限与税收收入，并通过转移支付制度加以调节的财政管理制度。分税制是财政分权的典型代表，是市场经济国家普遍推行的一种财政管理体制模式。

4. 政府间转移支付，就是指一个国家的各级政府彼此之间在既定的职责范围、支出责任和税收划分框架下所进行的财政资金的相互转移。政府间转移支付包括上级政府对下级政府的各项补助、下级政府向上级政府的上解收入、共享税的分配以及发达地区对不发达地区的补助等。

5. 政府间转移支付的理论依据有以下四个方面：①纠正政府间的纵向财政失衡；②纠正政府间的横向财政失衡；③纠正某些公共产品的外部性；④加强中央财政对地方财政的宏观调控。

复习思考题

1. 简述财政分权理论及其流派。
2. 中国的分税制效果如何？应该如何完善？
3. 简述政府间转移支付的含义、特点和方法。
4. 中国的转移支付制度应如何改进？

第 10 章　公共经济政策

本章学习目标：

- ·准确把握公共经济政策的含义和目标；
- ·基本掌握公共经济政策工具；
- ·熟练掌握财政政策和货币政策的协调运用；
- ·基本了解当前公共经济政策专题。

任何政府在行使其经济职能时，都离不开制定公共经济政策，公共经济政策是现代政府面对经济进行有计划的干预的产物。

10.1　公共经济政策概述

10.1.1　公共经济政策的含义

公共经济政策是指政府在一定时期内为实现特定任务和战略目标而制定的组织、调节、控制公共经济活动的行为规范和措施。公共经济政策是建立在市场机制作用基础上的，并同市场运行变量有内在联系的经济范畴，是国家宏观调控经济运行、保障市场经济健康发展的重要工具。

10.1.2　公共经济政策的目标

公共经济政策的目标就是政府制定和实施公共经济政策所要达到的目的。它反映了政府的意图，也是选择各种政策手段及工具的基本依据。各个国家制定和实施公共经济政策的总目标不尽相同，但一般来讲，都会围绕经济增长目标、就业目标、通货膨胀目标和国际收支目标展开。

1. 经济增长

经济增长是指一定时期内经济的持续均衡增长。经济增长是经济全面发展的主要指标。它既体现经济总量的增加，也体现人均收入的增长和生活质量的改善；同时，总量上的增长建立在比例协调、结构优化和效率提升的基础上。促进经济增长是在调节社会总供给与社会总需求的关系中实现的。因此，为了促进经济增长，政府必须调节社会总供给与社会总需求的关系，使之达到基本平衡。

2. 充分就业

充分就业是指包含劳动在内的一切生产要素都能以愿意接受的价格参与生产活动的状态，即消除了周期性失业的情况。充分就业并不是所有劳动者都有工作，而是存在一定的失业率，这个失业率是被社会允许并能被社会所接受的。失业一般分为三种类型：摩擦性失业、自愿性失业和非自愿性失业。前两种失业类型与充分就业并不矛盾，二者之和占全部劳动力的比重称为"自然失业率"，因此，所谓充分就业就是使失业率保持在自然失业率之下的就业状态。在我国，存在着劳动者充分就业的需求与劳动力总量过大但素质不相适应之间的矛盾，并将成为一个长期存在的问题。因此，它是我国政府制定和实施公共经济政策的一个重要方面。

3. 物价稳定

物价稳定是指一般价格水平的稳定或价格总水平的稳定，不出现严重的通货膨胀。一般价格水平的变化通常用价格指数来表示，价格稳定就是指价格指数基本稳定不变，也就是保持一般价格水平的稳定。但是，并不排除某种商品价格相对于其他商品价格的变动。物价稳定是世界上绝大多数国家的一个公共经济调节目标，也是中央银行执行货币政策的首要目标。通过稳定物价，有利于促进国民经济持续健康发展，提高人们的生活水平。

4. 国际收支平衡

国际收支平衡是指一国净出口与净资本流出差额恰好抵消而形成的平衡。对大多数国家来说，实现国际收支平衡的准确含义，不是消极地使一国的国际收支账户的经常收支和资本收支相抵，也不是消极地防止一国外汇储备有所增加，或使其至少不会减少。为了达到国际收支的平衡，政府必须采取有效的汇率政策和资本流动管理等手段。

经济增长、充分就业、物价稳定和国际收支平衡这四个政策目标往往相互联系而又此消彼长。由于各国经济情况千差万别，四个政策目标之间的关系远比上述两种情况复杂。总的来讲，这四个政策目标可能走向一致也可能互相背离，往往呈现出周期性波动。因此，宏观调控可以运用财政、货币政策等多种政策工具进行调节，恰当处理四个政策目标的关系，寻求一个平衡点。

10.2　公共经济政策工具

由于经济运行的复杂性与调控目标的综合性，决定了公共经济政策在现实中表现为由互相联系、取长补短的政策工具所组成的政策体系。公共经济政策工具主要包括财政政策、货币政策、汇率政策、产业政策、投资政策、就业政策、收入分配政策和价格政策等。

10.2.1　财政政策

1. 财政政策的含义

财政政策是指政府为了调节总需求变动及总需求与总供给之间的关系，而调整财政收支规模和保持收支平衡的指导原则及相应措施的总称。财政政策是由预算政策、税收政策、支出政策和公债政策等构成的一个政策体系。

2. 财政政策的目标

财政政策目标，就是通过财政政策的制定和实施所要达到的目的或产生的效果，它构成财政政策的核心内容。不同国家在不同时期实行的财政政策不尽相同。我国现阶段财政政策的目标包括以下几个方面。

（1）物价相对稳定。这是财政政策稳定功能的基本要求。物价相对稳定，并不是冻结物价，而是把物价总水平的波动约束在经济稳定发展可容纳的范围之内。物价相对稳定，可以具体解释为避免过度的通货膨胀或通货紧缩。

（2）经济可持续均衡增长。它要求经济的发展保持在一定的速度区间，既不要出现较大的下降、停滞，也不要出现严重的过热。衡量经济增长，除总量的增长外，还应包括质的提高，如技术的进步、资源的合理配置、社会结构、生态平衡等。在制定财政政策时应考虑的基本问题，是如何去引导经济发展以实现最佳的经济增长。

（3）收入合理分配。收入合理分配是指社会成员的收入分配公正、合理，实现公平与效率相结合，避免收入过于悬殊。公平分配并不是平均分配，它是在一定社会规范下既有差距又注意均衡协调的分配。我国当前处理分配问题的原则是"效率优先，兼顾公平"。

（4）资源合理配置。资源合理配置是指对现有的人力、物力、财力等社会资源进行合理分配，使其发挥最有效的作用，获得最大的经济和社会效益。财政作为政府对资源配置进行调节的重要工具，其方式表现为两个方面：一是通过财政收入和支出的分配数量和方向直接影响各产业的发展；二是通过制定合理的财政税收政策，引导资源在地区之间、行业之间的合理流动。

（5）提高社会生活质量。经济发展的最终目标是满足社会全体成员的需要。需要的满足程度，不仅仅取决于个人消费需求的实现，更取决于社会的共同消费需求的实现。社会共同的消费需求，包含公共安全、环境质量、生态平衡、基础科学研究和教育、文化、卫生等的水平提高。因此，社会共同消费需求的满足程度，即为社会生活质量的水平。财政政策把社会生活质量作为政策目标之一，主要采取定期提高工教人员的工资、增加社会公共设施的投资、提高公共福利的服务水平、对农副产品的生产和流通实施多种补贴等方式。

3. 财政政策工具

财政政策工具也被称为财政政策手段，是指政府为实现一定财政政策目标而采取的各种财政手段和措施。它主要包括预算、税收、公债、政府投资、公共支出和财政补贴等。

4. 财政政策类型

（1）根据调节经济周期的作用来划分，财政政策分为自动稳定的财政政策和相机抉择的财政政策。

自动稳定的财政政策是指财政制度本身存在一种内在的、不需要政府采取其他干预行为就可以随着经济社会的发展自动调节经济运行的机制。这种机制也被称为财政自动稳定器。这种自动稳定器的稳定性主要表现在两个方面：一是累进所得税（包括个人所得税和企业所得税）的自动稳定作用；二是财政支出的自动稳定性。

相机抉择的财政政策是当财政政策本身没有自动稳定的作用时，需要借助外力才能对经济产生调节作用的机制。一般来说，这种政策是政府根据一定时期的经济社会状况，主动灵活地选择不同类型的反经济周期的财政政策工具，干预经济运行行为，实现财政政策目标。汉森提出的汲水政策和补偿性政策都是典型的相机抉择财政政策。

（2）根据财政政策在调节国民经济总量和结构中的不同功能来划分，财政政策可区分为扩张性财政政策、紧缩性财政政策和中性财政政策。

扩张性财政政策是指通过财政分配活动来增加和刺激社会总需求。在社会总需求不足的情况下，经济萧条，此时，政府通常采用扩张性财政政策，通过减税、增加财政支出等手段扩大需求，结果往往会导致财政赤字扩大。

紧缩性财政政策是指通过财政分配活动来减少和抑制总需求。在社会总需求大于社会总供给的情况下，经济繁荣，此时政府通常采用紧缩性财政政策，通过增加税收、减少财政支出等手段抑制社会需求，结果往往会导致财政赤字缩小或盈余扩大。

中性财政政策是指财政的分配活动对社会总需求的影响保持中性，财政的收支活动既不会产生扩张效应，也不会产生紧缩效应。实践中这种情况是很少存在的。当社会总供求基本平衡，经济稳定增长，此时政府会采用中性财政政策。

10.2.2 货币政策

1. 货币政策的含义

货币政策是指中央银行为实现既定的经济目标，运用各种政策工具调节货币供给和需求，进而影响宏观经济运行的相应的指导原则及措施。

2. 货币政策的目标

货币政策的目标是指通过制定和实施货币政策所要达到的目的或产生的效果。当今各国货币政策的最终目标有四个：物价稳定、充分就业、经济增长和国际收支平衡。根据我国的《中华人民共和国中国人民银行法》规定，货币政策的基本目标是：保持货币币值的稳定，并以此促进经济增长。

3. 货币政策工具

货币政策工具也称货币政策手段，是指中央银行为实现一定货币政策目标而采取的各种手段和措施。西方国家货币政策工具常用的三大传统手段：法定存款准备金率、贴现率政策和公开市场业务，辅之以道义劝告、行政干预、金融检查等其他调节手段。目前我国使用的货币政策工具有：法定存款准备金、信贷规模、再贷款手段、再贴现、公开市场业务和利率等。

4. 货币政策的类型

（1）扩张性货币政策，也称宽松的货币政策，指中央银行通过降低利率，增加货币供给，使得货币供应量超过经济过程对货币的实际需要量，进而刺激私人投资、增加总需求、从而刺激经济增长、增加国民收入、实现充分就业。

（2）紧缩性货币政策，也称为从紧的货币政策，指中央银行通过提高利率，减少货币供给，使得货币供应量小于经济过程对货币的实际需要量，进而缩减私人投资，抑制总需求，从而抑制经济的过热以及通货膨胀。

（3）中性货币政策，是指使货币利率与自然利率完全相等，保证货币因素不对经济运行产生影响，从而保证市场机制可以不受干扰地在资源配置过程中发挥基础性作用。

5. 财政政策与货币政策的协调配合

财政政策和货币政策是政府公共经济政策的两大主要政策。要想顺利实现公共经济政策所制定的目标，需要运用恰当的政策工具。如果政策工具运用不当，不仅难以实现政策目标，甚至可能会加剧经济波动。为了达到理想的调控效果，通常需要将财政政策和货币政策配合使用。

一般情况下，财政政策与货币政策有四种常见的配合模式：

（1）双紧政策，即紧的财政政策和紧的货币政策配合。紧的财政政策主要通过增加税收和削减政府支出规模来减少消费和投资，从而抑制社会总需求；紧的货币政策主要通过提高法定准备金率、利率等来增加储蓄，减少货币供应量，从而抑制社会投资和消费需求。当社会总需求大大超过社会总供给，就会出现较大程度的膨胀，这时就需要政府采取政策手段来抑制通货膨胀。这时，适宜的财政、货币政策的配合模式应是双紧政策模式。双紧政策配合使用，可对经济产生有力的紧缩作用。但如果调控力度过猛，也可能造成通货紧缩等问题。

（2）双松政策，即松的财政政策和松的货币政策配合。松的财政政策主要通过减少税收和扩大政府支出规模来增加消费和投资，从而增加社会总需求；松的货币政策主要通过降低法定准备金率、利率等来扩大信用规模，增加货币供应量。当社会有效需求严重不足、生产能力闲置、失业增加时，扩大社会需求就成为政府调节经济的首要目标。这时，应选择适宜的财政政策、货币政策相配合的双松政策模式。需要注意的是，如果调控力度过猛，也可能造成严重的通货膨胀。

（3）紧财政、松货币政策，即紧的财政政策和松的货币政策配合。紧的财政政策可以抑制社会总需求，防止经济过热，控制通货膨胀；而松的货币政策可以保持经济的适度增长。当社会经济运行较为平稳，又不存在通货膨胀危险时，适宜的财政、货币政策的配合模式应是紧财政、松货币政策。

（4）松的财政政策和紧的货币政策配合。松的财政政策可以刺激需求，对克服经济萧条较为有效；而紧的货币政策可以避免过高的通货膨胀。当面临一定程度的通货膨胀风险，但社会需求相对不足时，适宜的财政、货币政策的配合模式应是松财政、紧货币政策。

到底采取哪一种政策配合模式，取决于宏观经济运行的状况及政府所要达到的政策目标。一般来讲，松紧搭配的政策配合模式对解决社会供求矛盾的适应性强，有较大的灵活性，并且对经济运行的冲击较小，可以在不同的情况下使用，因此成为我国财政政策与货币政策协调运用的实践中最为常用的配合模式。

专栏：积极财政政策加大力度，稳健货币政策灵活适度

2016 年 3 月 5 日，第十二届全国人民代表大会第四次会议在人民大会堂举行开幕会，国务院总理李克强作政府工作报告。报告首先提出，稳定和完善宏观经济政策，保持经济运行在合理区间。强调积极的财政政策要加大力度，稳健的货币政策要灵活适度。

积极的财政政策要加大力度

报告明确，适度扩大财政赤字，主要用于减税降费，进一步减轻企业负担。今年将采取三项举措。一是全面实施营改增，从 5 月 1 日起，将试点范围扩大到建筑业、房地产业、金融业、生活服务业，并将所有企业新增不动产所含增值税纳入抵扣范围，确保所有行业税负只减不增。二是取消违规设立的政府性基金，停征和归并一批政府性基金，扩大水利建设基金等的免征范围。三是将 18 项行政事业性收费的免征范围，从小微企业扩大到所有企业和个人。实施上述政策，今年将比改革前减轻企业和个人负担 5 000 多亿元。同时，适当增加必要的财政支出和政府投资，加大对民生等薄弱环节的支持。创新财政支出方式，优化财政支出结构，该保的一定要保住，该减的一定要减下来。

可以看出，财政政策是 2016 年宏观政策发力的优先方向。具体来看，相对 2015 年比 2014 年的增加值，今年安排财政赤字规模多增 2 900 亿元，增幅达 107%；赤字率也从去年的 2.3% 大幅提高到 3%。同时，今年地方政府财政赤字的扩张规模明显大于中央政府，这反映出中央政府对经济下行情况下，地方政府财政收入增长乏力的担忧，给地方政府应对潜在债务风险留出较大空间。

李克强在报告中宣布，今年 5 月 1 日起全面实行"营改增"（营业税改增值税），以降低全社会税负，确保"所有税负只减不增"。这对于今年新加入"营改增"的房地产、金融、建筑、生活服务等行业是明显利好；也反映出政府经济刺激方式的新调整，逐渐从扩大政府支出转向以减少政府收入、减轻企业负担作为财政扩张优先方向。

此外，政府工作报告还提出，加快财税体制改革，合理确定增值税的中央和地方分享比例。把适合作为地方收入的税种下划给地方，在税政管理权限方面给地方适当放权。进一步压缩中央专项转移支付规模，今年一般性转移支付规模增长 12.2%。全面推进资源税从价计征改革。依法实施税收征管。建立规范的地方政府举债融资机制，对财政实力强、债务风险较低的，按法定程序适当增加债务限额。各级政府要坚持过紧日子，把每一笔钱都花在明处、用在实处。

稳健的货币政策要灵活适度

根据政府工作报告，今年广义货币 M2 预期增长 13% 左右，社会融资规模余额增长 13% 左右。要统筹运用公开市场操作、利率、准备金率、再贷款等各类货币政策工具，保持流动性合理充裕，疏通传导机制，降低融资成本，加强对实体经济特别是小微企业、"三农"等的支持。

从表述来看，今年的表述由去年的稳健的货币政策要"松紧适度"调整为"灵活适度"，更加强调"灵活"这一特征，并且强调要"保持流动性合理充裕"，而"充

裕"一词在去年的报告中并未出现。今年广义货币增长目标从去年的 12%，重新调高到此前几年的 13%，也释放出货币政策将比较宽松的信号。

事实上，在此前 G20 峰会前后，财政部部长楼继伟和央行行长周小川做出了关于全球货币政策基调要总体宽松、中国货币政策事实上"稳健略偏宽松"等表态，政府工作报告的表述和提出的目标再次确认了这个信号。

中国人民大学财政金融学院副院长赵锡军表示，2016 年是"十三五"的开局之年，也是全面建设小康决胜阶段，非常重要。而"稳增长"应该是最重要的，从货币政策角度来看，广义货币量预计增长 13%，社会融资总规模增长 13% 左右，这两个指标相对稳健、比较灵活、略微宽松，目的是为今年供给侧改革、结构调整、创新创业等营造相对宽松的环境。

此外，政府工作报告提出，要深化金融体制改革。加快改革完善现代金融监管体制，提高金融服务实体经济效率，实现金融风险监管全覆盖。深化利率市场化改革。继续完善人民币汇率市场化形成机制，保持人民币汇率在合理均衡水平上基本稳定。深化国有商业银行和开发性、政策性金融机构改革，发展民营银行，启动投贷联动试点。推进股票、债券市场改革和法治化建设，促进多层次资本市场健康发展，提高直接融资比重。适时启动"深港通"。建立巨灾保险制度。规范发展互联网金融。大力发展普惠金融和绿色金融。加强全口径外债宏观审慎管理。扎紧制度笼子，整顿、规范金融秩序，严厉打击金融诈骗、非法集资和证券期货领域的违法犯罪活动，坚决守住不发生系统性、区域性风险的底线。

资料来源：积极财政政策加大力度，稳健货币政策灵活适度 [N]. 上海金融报，2016-03-08.

10.2.3　其他政策工具

1. 汇率政策

汇率政策指政府为达到国际收支均衡的目的，利用本国货币汇率的升降来控制进出口及资本流动的相应的指导原则及措施。在我国，汇率政策是改革和开放政策的关键要素。

汇率政策最主要的内容是汇率制度的选择。汇率制度是指一个国家政府对本国货币汇率水平的确定、汇率的变动方式等问题所作的一系列安排或规定。传统上，按照汇率变动的方式可将汇率制度分为固定汇率制度和浮动汇率制度两大类。其中浮动汇率制度又主要分为自由浮动和管理浮动两类。

当今世界是开放的，财政政策和货币政策在不同汇率制度和资本流动状况下的实施的效果不尽相同。

（1）固定汇率制下的财政政策与货币政策。①在资本完全自由流动的情况下，财政政策非常有效，货币政策完全无效。例如，采取扩张的财政政策，会使产出增加，利率上升，导致资金流入国内，本币升值，最后引起产出增加；采取扩张的货币政策，会使货币供给增加，利率下降，资本外流，本币有贬值压力。为了维护固定汇率，货币当局将在货币市场中买入人民币，卖出外汇，货币供给量将减少，对总收入没有影响，所以货币政策无效。②在资本完全不流动的情况下，本国利率将不影响国际收支，财政政策完全无效，货币政策完全无效。③在资本不完全流动的情况下，财政政策有一定的效果，货币政策完全无效。

（2）浮动汇率制下的财政政策与货币政策。①在资本完全自由流动的情况下，财政政策完全无效，货币政策非常有效。例如，采取扩张的财政政策，会使产出增加、利率上升，导致资金流入国内，国际收支出现顺差，汇率有升值的压力，会使进口增加，直到国际收支恢复均衡，总收入水平不变，财政政策无效；采取扩张的货币政策，会使货币供给增加，利率下降，资本外流，汇率贬值，国际收支出现逆差，会使出口增加，直到国际收支恢复均衡，总收入水平增加，货币政策有效。②在资本完全不流动的情况下，国际收支平衡，财政政策有一定的效果，货币政策也有一定的效果；③在资本不完全流动的情况下，财政政策还是比较有效的，货币政策有一定的效果。

随着中国经济日益融入全球经济，国际货币基金组织（IMF）已将人民币纳入特别提款权货币篮子。下一步，汇率政策应符合市场经济的更高要求，即汇率更加灵活，经常账户和资本账户资金流动更加自由，本外币兑换更加方便，并能为我国和外国投资者提供风险管理工具。

专栏：人民币纳入 SDR 意味着什么

10 月 1 日，人民币将正式纳入国际货币基金组织（IMF）特别提款权（SDR）货币篮子。

这是 SDR 创建以来首次纳入发展中国家货币，是中国融入全球金融体系的重要里程碑，对中国的积极意义也是多方面的。

首先，提升人民币的国际认可度。央行副行长易纲表示，整体来看，市场对人民币的预期会提升，它将是一个更稳定、更广泛被接受的货币，人们会更有信心持有人民币资产。虽然人民币"入篮"SDR 短期内不会对各国央行的资产配置产生太大影响，但相信未来一段时间会有越来越多的国家愿意持有人民币作为储备金融资产。据了解，央行目前已与 31 个国家或地区签署了货币互换协议，协议总金额达 3.1 万亿元人民币。

其次，更广泛地应用于跨境交易。"入篮"SDR 之后，人民币的使用会更加方便、更加稳定，将会更广泛地应用于跨境交易之中。伴随着人民币可兑换性、外汇储备的提高，将令企业"走出去"的成本降低，便捷程度不断提高。与此同时，不仅给国内老百姓带来长期利益，比如以后到世界各地旅游、留学、探亲、购物，使用人民币更加方便；还给世界各国百姓，尤其是中国周边国家和"一带一路"沿线国家的人民都会带来实惠。今后，无论是贸易，还是投资，都会给企业带来更多便捷、更多经济利益。

再次，倒逼中国金融改革。"入篮"SDR 有助于促进国内金融改革，尤其是将倒逼我国资本账户开放和汇率形成机制改革。对于我国和世界经济金融体系来说，这将是双赢的结果。国务院总理李克强曾在会见 IMF 总裁拉加德时表示，"加入 SDR 有利于中国进一步履行维护全球金融稳定的国际责任，也有利于中国金融市场进一步开放，用开放倒逼改革"。由此可见，以开放倒逼改革，不仅是国际市场的期望，也是中国政府的愿望。

最后，加速人民币国际化进程。加入 SDR 是人民币国际化的一个新的起点，也标志着人民币国际化进入一个全新的发展阶段。中国人民大学发布的《人民币国际化报告 2016》认为，加入 SDR 货币篮子后，国际社会对中国发挥大国作用的期待更高，对人民币发挥国际货币功能的需求也会增加。通过亚投行、丝路基金、人民币跨境支付系统的务实、高效运作，引领国际资本支持"一带一路"重大项目建设，增加人民币的国际使用。"入篮" SDR，还将有助于人民币在多边使用、国际投融资、跨境资产配置、国际货币体系等方面实现突破，进一步加快人民币国际化进程。

SDR 是 IMF 于 1969 年创设的一种补充性储备资产，目前货币篮子中有美元、欧元、日元和英镑四种货币。10 月 1 日，新的 SDR 货币篮子正式生效之后，各币种的权重分别为美元 41.73%、欧元 30.93%、人民币 10.92%、日元 8.33% 和英镑 8.09%。人民币将成为第三大权重货币。

虽然，人民币作为国际储备货币的地位得到进一步提升，但这并不意味着人民币国际化的目标已经实现，人民币在国际贸易与资本流动中计价、结算与价值储藏地位并没有得到根本改变。IMF 每五年会对 SDR 做一次评审，一种货币在符合条件的时候可以加入 SDR，当它不符合条件的时候也可以退出。要巩固人民币作为 SDR 篮子货币的地位，还需要继续推动国内利率及汇率市场化改革，比如资本账户的改革、汇率机制、债券市场的开放等。未来应以人民币"入篮" SDR 为契机，加强与各国的协调、合作，在建立更加公正合理的国际货币体系和改善国际金融治理方面发挥更大作用。

人民币成为国际货币之一，这是中国既定的战略目标，也是一个长期过程。只有进一步坚持改革开放，距离目标的实现才会越来越近。

资料来源：张娜. 人民币纳入 SDR 意味着什么 [N]. 中国经济时报，2016-09-30 (1).

2. 产业政策

产业政策是政府为了达到一定的目的，通过制订产业结构调整计划、产业扶持计划等手段，来引导产业发展方向、推动产业结构升级、协调产业结构的相应的指导原则及措施的总称。

产业政策工具主要有：国民经济计划、产业结构调整计划、产业扶持计划、财政投融资、货币手段、项目审批等。

产业政策与其他公共经济政策相比，具有明显的特征：

（1）更强烈的政府干预色彩。产业政策比其他公共经济政策更加深入地干预了社会再生产过程，干预了产业部门之间和产业内部的资源分配过程。

（2）更强烈的国家赶超意识。产业政策比其他经济政策更多地凝聚着政府乃至国家的强烈的赶超意识，其宗旨就在于优化产业结构，加速经济发展。

（3）更侧重于调节供给。财政政策和货币政策等公共经济政策主要用来调节社会总需求，而产业政策的功能主要是通过调节产业活动从而调节社会总供给。

（4）更注重中长期的调节时间。产业政策比其他公共经济政策的调节时间跨度更长，其发挥作用的时间跨度是中长期的。它不仅可以影响宏观经济的短期平衡，而且还涉及经济发展的长期平衡。

专栏：国务院印发《"十三五"国家战略性新兴产业发展规划》

新华社北京 12 月 19 日电 经李克强总理签批，国务院日前印发《"十三五"国家战略性新兴产业发展规划》（以下简称《规划》），对"十三五"期间我国战略性新兴产业发展目标、重点任务、政策措施等做出全面部署安排。

《规划》指出，战略性新兴产业代表新一轮科技革命和产业变革的方向，是培育发展新动能、获取未来竞争新优势的关键领域。要把战略性新兴产业摆在经济社会发展更加突出的位置，紧紧把握全球新一轮科技革命和产业变革重大机遇，按照加快供给侧结构性改革部署要求，以创新驱动、壮大规模、引领升级为核心，构建现代产业体系，培育发展新动能，推进改革攻坚，提升创新能力，深化国际合作，加快发展壮大新一代信息技术、高端装备、新材料、生物、新能源汽车、新能源、节能环保、数字创意等战略性新兴产业，促进更广领域新技术、新产品、新业态、新模式蓬勃发展，建设制造强国，发展现代服务业，推动产业迈向中高端，有力支撑全面建成小康社会。

《规划》提出，到 2020 年，战略性新兴产业增加值占国内生产总值比重达到 15%，形成新一代信息技术、高端制造、生物、绿色低碳、数字创意等 5 个产值规模 10 万亿元级的新支柱，并在更广领域形成大批跨界融合的新增长点，平均每年带动新增就业 100 万人以上。产业结构进一步优化，产业创新能力和竞争力明显提高，形成全球产业发展新高地。

《规划》确定了八方面发展任务。一是推动信息技术产业跨越发展，拓展网络经济新空间。二是促进高端装备与新材料产业突破发展，引领中国制造新跨越。三是加快生物产业创新发展步伐，培育生物经济新动力。四是推动新能源汽车、新能源和节能环保产业快速壮大，构建可持续发展新模式。五是促进数字创意产业蓬勃发展，创造引领新消费。六是超前布局战略性产业，培育未来发展新优势。七是促进战略性新兴产业集聚发展，构建协调发展新格局。八是推进战略性新兴产业开放发展，拓展国际合作新路径。

《规划》提出了完善管理方式、构建产业创新体系、强化知识产权保护和运用、深入推进军民融合、加大金融财税支持、加强人才培养与激励 6 方面政策保障支持措施，部署了包括集成电路发展工程、人工智能创新工程、生物技术惠民工程、新能源高比例发展工程、数字文化创意技术装备创新提升工程等 21 项重大工程。要求各地区、各有关部门高度重视战略性新兴产业发展工作，切实抓好本规划实施，加强各专项规划、地方规划与本规划的衔接工作。

资料来源：国务院印发《"十三五"国家战略性新兴产业发展规划》[EB/OL].[2016-12-19]. https://rc.mbd.baidu.com/7vapn06.

3. 就业政策

就业政策是政府为了解决现实中劳动者就业问题而制定的指导原则及相应措施的总称。就业政策的目标主要分为两个方面：一方面是解决新生劳动者的初次就业问题；另一方面是解决失业者的再就业问题。

从公共经济学的视角看，"就业机会"属于具有较大正外部性的准公共产品。就业机会不仅可以满足个人对于用人单位人力资源的需求，也会为就业者提供生活来源，减轻政府福利救济方面的负担。然而，在市场经济条件下，追求利润最大化的企业往往不能提供充分的就业机会，从而会导致失业问题的出现。就业政策就是从准公共产品的最佳提供方式入手，提出政府在解决失业问题中的基本定位和作用。政府就业政策的有效实施必须依靠各种手段的综合使用。而不同政策手段的使用，又都与既定社会条件下就业政策的具体目标紧密联系。就业政策作为公共经济政策的一个重要组成部分，除了直接地促进就业问题的缓解和解决，还对社会经济、政治也发挥着强大的调控作用。

专栏："十三五"国家促进就业亮出哪些"大招"

就业是最大的民生，也是经济发展最基本的支撑。国务院《"十三五"促进就业规划》6 日对外公布，提出增强经济发展创造就业岗位能力、提升创业带动就业能力、加强重点群体就业保障能力、提高人力资源市场供求匹配能力、强化劳动者素质提升能力建设。记者从中梳理了 12 条"新招""实招"。

【"十三五"城镇新增就业 5 000 万人以上】规划提出到 2020 年我国促进就业的目标："十三五"时期全国城镇登记失业率控制在 5% 以内。创业环境显著改善。劳动年龄人口平均受教育年限达到 10.8 年，新增劳动力平均受教育年限达到 13.5 年。全国技能劳动者总量达到约 1.7 亿人，其中高技能人才总量达到 5 500 万人、占技能劳动者总量的比重达到 32%。

【支持发展共享经济下的新型就业模式】营造有利于共享经济加快发展的政策环境。加快完善风险控制、信用体系、质量安全、社会保障等政策法规，促进社会资源通过共享实现高效充分利用。

【鼓励发展家庭手工业】积极发展吸纳就业能力强的产业和企业加快发展民生刚性需求大、国际竞争优势明显的轻工业等劳动密集型制造业。创造更多居家灵活就业机会。开展加快发展现代服务业行动，鼓励发展就业容量大、门槛低的家政护理等生活性服务业。

【不断强化收入分配政策的激励导向】支持劳动者以知识、技术、管理、技能等创新要素按贡献参与分配，实行股权、期权等中长期激励政策，以市场价值回报人才价值。

【实施重点地区促进就业专项行动】实施东北老工业基地促进就业行动、资源枯竭城市和独立工矿区促进就业行动、产业衰退地区促进就业行动、国有林场和国有林区促进就业行动、困难地区就业援助行动。

【鼓励科技、教育、文化等专业人才成为创业引领者】加快落实高校、科研院所等专业技术人员离岗创业政策。支持大中专毕业生转变择业观念，成为创业生力军。研究实施留学人员回国创业创新启动支持计划。大力支持农民工等人员返乡下乡创业。引导城镇失业人员等其他各类人员以创业促就业。营造鼓励创业、宽容失败的社会氛围。

【实施创业培训计划】开发针对不同创业群体、不同阶段创业活动的创业培训项目。试点推广"慕课"等"互联网+"创业培训新模式。加强远程公益创业培训。研究探索通过"创业券""创新券"等方式提供创业培训服务。鼓励有条件的地区以政府和社会资本合作（PPP）模式组织开发新领域、新业态的创业培训课程并实施创业培训。建立健全政府购买服务机制。

【实施重点人群就业促进计划】实施高校毕业生就业创业促进计划和高校毕业生基层服务项目。促进农村劳动力转移就业，着力稳定和扩大农民工就业规模。做好化解过剩产能职工安置工作。通过就业带动促进1 000万贫困人口脱贫。

【加快培育大批具有专业技能与工匠精神的高素质劳动者】继续深入实施基础学科拔尖学生培养试验计划，支持高水平研究型大学依托优势基础学科建设国家青年英才培训基地。加快建立高等学校分类体系，统筹研究型、应用型、复合型等各类人才培养。

【建立全国高校继续教育质量报告制度】推动职业院校、本科高校与行业企业共同实施全流程协同育人。落实学校在人事管理、教师评聘、收入分配等方面的办学自主权，支持职业院校、本科高校自主聘用有丰富实践经验的人员担任专兼职教师。制定实施企业参与职业教育的激励政策、有利于校企人员双向交流的人事管理政策，全面推进现代学徒制试点工作，深入推进职业教育集团化办学，推动学校与企业合作建设一批共建共享的实训基地。

【完善终身学习服务体系】为全体社会成员提供多次选择、多种路径的终身学习机会。鼓励高等学校招收有实践经历的人员，支持社会成员通过直接升学、先就业再升学、边就业边学习等多种方式不断发展。加快构建全程化、模块化、多元化的终身学习成果评价体系。

【实施高技能人才振兴计划和专业技术人才知识更新工程】突出"高精尖缺"导向，大力发展技工教育，培训急需紧缺人才。开展贫困家庭子女、未升学初高中毕业生、农民工、失业人员和转岗职工、退役军人、残疾人免费接受职业培训行动。组织实施化解过剩产能企业职工、高校毕业生、新生代农民工等重大专项培训计划。加快实施新型职业农民培育工程。

国家发展改革委有关负责人说，谋划好新时期促进就业工作，有利于全面建成小康社会，更好保障和改善民生；有利于加快实施创新驱动发展战略，推动经济转型升级；有利于促进社会和谐稳定，进一步带动就业增收。有关部门将建立督促检查制度，开展规划实施情况年度监测，适时组织规划实施中期和终期评估。

资料来源："十三五"国家促进就业亮出哪些"大招"[EB/OL].[2017-02-07].https://rc.mbd.baidu.com/tereztp.

4. 收入分配政策

收入分配政策是政府针对居民收入水平高低、收入差距大小等问题，在收入分配领域制定的指导原则及相应措施的总称。

自从中共十三大明确了按劳分配为主体、多种分配方式并存的基本分配制度之后，这一制度始终贯穿于收入分配体制改革的整个过程。收入分配改革从2004年开始启动调研，党中央、国务院高度采取一系列政策措施，不断调整国民收入分配格局，加大收入分配调节力度，加快推进收入分配制度改革。2013 年 2 月出台的《关于深化收入分配制度改革若干意见》，明确提出"完善收入分配结构和制度，增加城乡居民收入，缩小收入分配差距，规范收入分配秩序"的整体要求和目标任务，为深化我国"十二五"时期收入分配制度改革明确了任务、指明了路径。"十二五"期间，党和国家高度重视收入分配工作，采取了一系列深化改革的政策措施，也收到了良好的效果，但是我们还应该清醒地认识到，我国城乡居民收入增长出现乏力趋势、居民收入分配差距缩小态势仍不稳定、城乡居民增收的渠道依然过窄、收入分配政策对不同群体的激励作用尚未充分发挥等问题。

"十三五"期间，收入分配政策需要在使居民收入持续增长、解决贫富差距大、收入分配规范化与反腐结合、完善社会保障制度等领域加大力度。

专栏：七大群体将迎差别化收入分配激励政策

国务院近日印发《关于激发重点群体活力带动城乡居民增收的实施意见》（以下简称《意见》）。《意见》瞄准技能人才、新型职业农民、科研人员、小微创业者、企业经营管理人员、基层干部队伍以及有劳动能力的困难群体等增收潜力大、带动能力强的七大群体，提出深化收入分配制度改革，在发展中调整收入分配结构，推出差别化收入分配激励政策。

《意见》提出，到 2020 年，城镇就业规模逐步扩大，劳动生产率不断提高，就业质量稳步提升；城乡居民人均收入比 2010 年翻一番；宏观收入分配格局持续优化，居民可支配收入占国内生产总值（GDP）的比重继续提高；居民内部收入差距持续缩小，中等收入者比重上升，现行标准下农村贫困人口全部实现脱贫，共建共享的格局初步形成。

为保证七大群体激励计划落实推进，《意见》提出了六大支撑行动，其中包括财产性收入开源清障。根据要求，未来要在风险可控的前提下，加快发展直接融资，促进多层次资本市场平稳健康发展。加强金融产品和金融工具创新，改善金融服务，向居民提供多元化的理财产品，满足居民日益增长的财富管理需求。另外，还要平衡劳动所得与资本所得税负水平，着力促进机会公平，鼓励更多群体通过勤劳和发挥才智致富。完善资本所得、财产所得税收征管机制等。

中国民生银行研究院研究员吴琦告诉《经济参考报》记者，全面深化收入分配制度改革是"十三五"期间全面建成小康社会、跨越中等收入陷阱的必然要求和重要支撑。2013 年，国务院发布的《关于深化收入分配制度改革的若干意见》明确提出，要逐步形成"橄榄型"分配结构，重要目标就是中等收入群体持续扩大，核心在于推进收入分配制度改革，持续扩大中等收入群体，不断缩小收入差距。其中，技能人才、新型职业农民、科技人员等七大群体是主要的目标群体，一方面要通过完善收入分配激励政策推动七大群体中的偏低收入群体进入中等收入群体，另一方面要通过资本所得、财产所得税收征管机制，来避免七大群体中的中等收入群体滑落到低收入群体。

资料来源：林远. 七大群体将迎差别化收入分配激励政策 [N]. 经济参考报，2016－10－24.

10.3 公共经济政策专题

10.3.1 专题一：供给侧结构性改革

1. 供给侧结构性改革的提出和背景

2015 年 11 月 10 日召开的中央财经领导小组第十一次会议上，习近平总书记提出，在适度扩大总需求的同时，着力加强供给侧结构性改革，着力提高供给体系质量和效率，增强经济持续增长动力，推动我国社会生产力水平实现整体跃升。这是我国首次提出"供给侧结构性改革"。推进供给侧结构性改革，对我国在"十三五"时期站在更高的发展水平上全面建设小康社会意义重大。

供给与需求，是市场经济的一对矛盾统一体，两者互为表里，同生并存。从公共经济学理论上讲，在任何一个时期，既要重视供给侧，又要重视需求侧。但在现实经济社会中，出台公共经济政策时往往需要选择着重在供给侧发力还是在需求侧发力。

需求侧管理的理论基础来自于美国经济学家约翰·梅纳德·凯恩斯（John Maynard Keynes）提出的国民收入均衡分析。凯恩斯认为经济增长主要来自于投资、消费与净出口这"三驾马车"的拉动，用公式表示为：

$$Y = C + I + G + NX$$

其中，Y 代表总产出，C 是消费，I 是投资，G 是政府支出，NX 是净出口。

当经济出现下滑时，需求侧管理理论认为这主要是由于有效需求不足所致，因此对策就是千方百计地提高有效需求。在公共经济政策层面，需求侧管理的主要政策工具是财政政策与货币政策的协调配合。其中，财政政策侧重于结构调整，货币政策侧重于总量调节。

1998 年亚洲金融危机以来，我国公共经济调控总体而言是以需求侧管理为主的，对推动中国经济增长发挥了重大的作用。但是，随着时间的推移，需求侧管理所产生的副作用正日渐明显。中国的经济发展正进入"新常态"：中国已成为经济大国，正站在从经济大国迈向经济强国的新起点上；"刘易斯转折点"加速到来，要素资源约束加剧；进入中等收入国家行列，面临"中等收入陷阱"风险；体制机制障碍较多，全面深化改革进入攻坚期；世界经济格局深刻调整，全球治理进入新阶段；等等。（《中国供给侧结构性改革》第一章）为保持经济稳定，政府先后通过加大投资、降息降准等，试图稳住经济下行的态势，但较之从前，以需求侧为主的管理所取得的效果日益下降，相反，为此付出的代价则越发明显。习近平总书记对新常态下中国经济的判断一针见血："结构性问题最突出，矛盾的主要方面在供给侧。"推进供给侧改革是形势所迫，是问题倒逼的必然选择。

2. 供给侧结构性改革的理解与进程

要把握供给侧结构性改革的内涵，需要弄清楚供给侧改革改什么、供给侧改革怎么改这两个基本问题。

供给侧改革改什么？就是改结构。习近平总书记特别强调，"结构性"三个字十分重要。这里需要说明的是，中国供给侧结构性改革，同西方经济学的供给学派研究的问题不是一回事，不能把供给侧结构性改革看成是西方供给学派研究的问题的翻版。放弃需求侧谈供给侧或放弃供给侧谈需求侧都是片面的。中国供给侧结构性改革，既强调供给又关注需求，既突出发展社会生产力又注重完善生产关系，既发挥市场在资源配置中的决定性作用又更好发挥政府作用，既着眼当前又立足长远。改革的内涵是增强供给结构对需求变化的适应性和灵活性，不断让新的需求催生新的供给，让新的供给创造新的需求，在互相推动中实现经济发展。为此，在中央财经领导小组第十一次会议的讲话上，习近平总书记全面地为"供给侧结构性改革"改什么指明了方向：去产能、去库存、去杠杆、降成本、补短板。

供给侧改革怎么改？就是在具体改革实践中落实好"去产能、去库存、去杠杆、降成本、补短板"这五大任务。

一是去产能。推动钢铁、煤炭行业化解过剩产能。抓住处置"僵尸企业"这个牛鼻子，严格执行环保、能耗、质量、安全等相关法律法规和标准，创造条件推动企业兼并重组，妥善处置企业债务，做好人员安置工作。同时，要注意防止已经化解的过剩产能死灰复燃，同时用市场、法治的办法做好其他产能严重过剩行业的去产能工作。

二是去库存。坚持分类调控，因城因地施策，重点解决城市房地产库存过多问题。把去库存和促进人口城镇化结合起来，提高三、四线城市和特大城市间基础设施的互联互通，提高三、四线城市教育、医疗等公共服务水平，增强对农业转移人口的吸引力。

三是去杠杆。在控制总杠杆率的前提下，把降低企业杠杆率作为重中之重。支持企业市场化、法治化债转股，加大股权融资力度，加强企业自身债务杠杆约束，等等，降低企业杠杆率。同时，要注意规范政府举债行为。

四是降成本。在减税、降费、降低要素成本上加大工作力度。降低各类交易成本特别是制度性交易成本，减少审批环节，降低各类中介评估费用，降低企业用能成本，降低物流成本，提高劳动力市场灵活性，推动企业眼睛向内降本增效。

五是补短板。从严重制约经济社会发展的重要领域和关键环节、人民群众迫切需要解决的突出问题着手，既补硬短板也补软短板，既补发展短板也补制度短板。扎实推进脱贫攻坚各项工作，集中力量攻克薄弱环节，把功夫用到帮助贫困群众解决实际问题上，推动精准扶贫、精准脱贫各项政策措施落地生根。

专栏：做好加减乘除　推进供给侧结构性改革

今年3月，四川省政府印发《促进经济稳定增长和提质增效推进供给侧结构性改革政策措施》；6月，省委、省政府联合印发《四川省推进供给侧结构性改革总体方案》；7月，省委办公厅和省政府办公厅联合印发《四川省推进供给侧结构性改革去产能实施方案》等5个实施方案……

印发文件节奏越来越密，供给侧结构性改革推进亦走向纵深。针对国家提出的做好供给侧结构性改革"四则运算"命题，四川探索出颇具地域特点的"四川算法"。

+如何补齐发展短板，提高经济增长质量与效益？

有了新抓手　补好"五块短板"

今年4月的最后一天，厦门华侨电子出资18亿元收购成都数联铭品，成为近年来国内大数据行业最大一宗收购案。

其背后，是四川现代服务业的"风起云涌"。近年来四川省服务业快速发展，服务业增加值占国内生产总值比重在2013年是35.2%，今年上半年已达42.6%。

个案的背后，还藏着四川省对补齐发展短板、提高经济增长质量与效益的探索与尝试。这也正是做好供给侧结构性改革"加法"的关键。

做好供给侧结构性改革"加法"，四川省对此创新提出"一提一创一培（提质量、创品牌、培育新动能新动力）"新"三大抓手"的指向和内涵，更强调做"加法"——通过提高经济质量效益，开展"制造+服务"试点示范，推进生产型制造向服务型制造转变，推动"中国制造2025四川行动计划"，来提高供给结构对需求变化的适应性和灵活性。

做好"加法"，四川省对此方向笃定。除产业发展外，还将补好脱贫攻坚、基础设施、公共服务、生态环境、农产品质量安全等"五块短板"。

-如何给企业减负松绑，激发微观经济活力？

简政放权　减轻企业负担

供给侧结构性改革的"减法"，是给企业减负松绑，激发微观经济活力。对政府而言，简政也是"减"政。"市场机制能有效调节的经济活动，一律取消审批。"一位业内人士表示。经过多次取消、调整、下放，目前四川省本级保留的行政许可事项从过去逾800项减少到约280项，成为保留省本级行政许可事项最少的省份之一。

降低企业成本、减轻实体企业负担，则是供给侧结构性改革所需的另一种"减法"运算。

为企业降低成本，改革是重要路径。四川省通过加快市场化资源性产品价格改革，推出一系列政策措施，进一步降低制度性交易、税费、要素、融资、人力、物流六个方面的成本。初步预计到2017年，全省实体经济企业要素成本将降低200亿元以上，物流成本降低200亿元以上，企业融资的担保、评估、登记等费用控制在融资成本的3%以内。

×如何挖掘经济发展新动力，实现"几何式增长"？

人才引领　加快企业技术创新

一台无屏电视，售价不到3 000元，实现1 000万元的销售额需要多久？去年"双11"促销，成都极米科技给出的答案是：10分钟。这家成立于3年前的创业公司，研发出将电视和投影仪结合的无屏电视，在有LG、索尼等世界级企业参与竞争的家用智能投影行业，已做到出货量全球第一。

故事背后，隐藏着做好供给侧结构性改革"乘法"的秘诀——以创新发展理念，挖掘经济发展新动力，开拓新空间，创造新产业，实现经济发展"几何式增长"。

加快企业技术改造创新，四川省拿出"真金白银"支持。今年四川省将整合安排资金10亿元支持技术改造和技术创新，重点支持投资规模大、带动作用强、技术含量高的优质项目。

现实的情况表明，这注定任重道远。2014 年，发明专利授权量排名第一的北京，发明专利授权量相当于四川的 4 倍；深圳一个城市的发明专利授权量，相当于两个四川。差距的背后，令人深思。

如何奋起直追？

必须坚持人才引领，目前，四川省设立规模 20 亿元的四川省创新创业投资引导基金。今年更进一步明确，科研人员带项目和成果到各类载体创新创业的，经原单位同意，可在 3 年内保留人事关系，与原单位其他在岗人员同等享有岗位晋升权利。

÷如何清除过剩产能、房地产库存、金融杠杆等经济发展阻碍？

"6 字法则" 应对三大难题

供给侧结构性改革的"除法"，是要去产能、去库存、去杠杆，清除经济发展阻碍。应对三大难题，四川省总结出运用"除法"运算的减、转、长、短、去、防 6 字法则。

去产能做好"减"与"转"。2013 年四川省即着力化解钢铁、水泥、平板玻璃、电解铝、煤炭五大重点行业过剩产能，同时，积极支持相关企业在"转"字上下功夫，加大技术、产品和工艺创新，增加有效供给。达州钢铁集团有限责任公司制定削减 140 万吨产能计划，开始向钒钛钢铁等方向转型。

这同样充满不确定性。一方面是因为钒钛市场价格下降同样非常厉害，市场竞争照样激烈；另一方面，是原有人员的转岗问题，数万人员的下岗，对一个地区的社会稳定是巨大的挑战。

去库存坚持"长"与"短"。短期通过一系列税收、公积金、信贷等优惠政策支持购房消费，加大棚改和征地拆迁货币化安置力度；长期则推进以满足新市民住房需求为主的住房体制改革，加快落实社保、教育等配套政策，进一步释放农业转移人口购房需求。

去杠杆兼顾"去"与"防"，坚持去杠杆和防风险并重原则，积极引导银行业机构去杠杆，预计到 2017 年四川省地方法人银行机构杠杆率将达 4% 的监管最低要求。

资料来源：熊筱伟. 做好加减乘除 推进供给侧结构性改革［N］. 四川日报，2016-07-28（5）.

10.3.2 专题二：大众创业、万众创新

1. 大众创业、万众创新的提出和背景

2014 年夏季达沃斯论坛上，李克强总理第一次提出"大众创业、万众创新"。他提出，要在 960 万平方千米土地上掀起"大众创业""草根创业"的新浪潮，形成"万众创新""人人创新"的新态势。2015 年全国两会上，李克强总理在政府工作报告中指出要把"大众创业、万众创新"打造成推动中国经济继续前行的"双引擎"之一。

一方面，我国经济高速增长无法持续，传统比较优势正在逐渐弱化，经济增长动力不足是经济发展最为核心的问题，必须要为经济找到新的引擎。随着我国资源环境约束日益强化，要素的规模驱动力逐步减弱，传统的高投入、高消耗、粗放式发展方

式难以为继，经济发展进入新常态，需要从要素驱动、投资驱动转向创新驱动。另一方面，我国有 13 亿多人口、9 亿多劳动力，每年高校毕业生、农村转移劳动力、城镇困难人员、退役军人数量较大，人力资源转化为人力资本的潜力巨大，但就业总量压力较大，结构性矛盾凸显。目前，我国创业创新理念还没有深入人心，创业教育培训体系还不健全，善于创造、勇于创业的能力不足，鼓励创新、宽容失败的良好环境尚未形成。

推进大众创业、万众创新，是培育和催生经济社会发展新动力的必然选择，是扩大就业、实现富民之道的根本举措，是激发全社会创新潜能和创业活力的有效途径。

2. 大众创业、万众创新的理解与进程

如何理解大众创业、万众创新呢？大众创业与万众创新互为支撑，相互促进。一方面，通过大众创业可以激发、带动和促进万众关注创新、思考创新和实践创新，也只有通过创业的市场主体才能创造更多的创新欲求、创新投入和创新探索；另一方面，只有在万众创新的基础上才可能有大众愿意创业、能够创业、创得成业。

推进大众创业、万众创新，就是要通过结构性改革、体制机制创新，消除不利于创业创新发展的各种制度束缚和桎梏，支持各类市场主体不断开办新企业、开发新产品、开拓新市场，培育新兴产业，实现创新驱动发展，打造新引擎，形成新动力。推进大众创业、万众创新，就是要通过转变政府职能、建设服务型政府，营造公平竞争的创业环境，使各类市场创业主体通过创业增加收入，让更多的人富起来，促进收入分配结构调整，实现创新支持创业、创业带动就业的良性互动发展。推进大众创业、万众创新，就是要通过加强全社会以创新为核心的创业教育，不断增强创业创新意识，使创业创新成为全社会共同的价值追求和行为习惯。

2015 年 6 月 4 日，李克强总理主持召开的国务院第 93 次常务会议审议通过了《国务院关于大力推进大众创业万众创新若干政策措施的意见》（以下简称《意见》），从创新体制机制、优化财税政策、搞活金融市场、扩大创业投资、发展创业服务、建设创业创新平台、激发创造活力、拓展城乡创业渠道 8 个领域，提出了 27 个方面、93 条具体政策措施。《意见》出台至今，从中央到地方出台了众多配套政策与制度，大众创业、万众创新已经成为当前的热门话题，全国掀起了大众创业、万众创新的热潮。大众创业、万众创新在孵化企业、带动就业、提升产业、推动供给侧结构性改革、保持经济运行在合理区间、促进经济转型升级方面都发挥了重要的作用。当然，创新创业当中也存在一些初创失败的问题，这是世界各国都难以避免的问题。对政府而言，最重要的也是最应该采取的举措就是倾力支持创业、宽容创新失败，为创新创业营造良好的气氛。

专栏：四川全面推进大众创业万众创新打造经济社会发展新引擎

中国共产党第十八届中央委员会第五次全体会议，于 2015 年 10 月 26 日至 29 日在北京举行，全会审议通过了《中共中央关于制定国民经济和社会发展第十三个五年规划的建议》。全会强调，实现"十三五"时期发展目标，破解发展难题，厚植发展优势，必须牢固树立并切实贯彻创新、协调、绿色、开放、共享的发展理念。全会提出，要培育发展新动力，优化劳动力、资本、土地、技术、管理等要素配置，激发创新创业活力，推动大众创业、万众创新，释放新需求，创造新供给，推动新技术、新产业、新业态蓬勃发展。

据四川新闻网记者了解，四川"十三五"规划《纲要》编制工作正有序推进，其中一块主要内容即为"围绕提高产业核心竞争力和市场占有率，推动创新驱动和产业转型发展"。作为实施创新驱动发展战略的重要组成和社会基础，大众创新创业也是经济转型发展的不熄动力引擎。

四川省委、省政府高度重视大众创新创业，今年5月在全国较早出台了《四川省人民政府关于全面推进大众创业万众创新的意见》，提出了8项主要任务和14条支持政策，启动创业四川行动，着力强化创新创业支撑、激发创新创业活力、释放创新创业潜能、营造创新创业生态，为推动经济社会发展打造新的引擎。

夯实创新创业载体

在孵科技型中小微企业超7 000家

孵化器是孕育创新创业企业的"母体"，孵化器质量的高低，直接决定着创业者能否成功创业。为支持孵化器建设，我省出台了《加快科技企业孵化器建设与发展的措施》。目前全省建成各类科技企业孵化器260余家、省级小企业创业示范基地92家，在孵科技型中小微企业超7 000家。

数据显示，2014年全省高新技术企业达到2 200家，高新技术产业总产值超过1.2万亿元，同比增长19%。全省技术合同认定交易额超200亿元，同比增长28.9%。我省出台了《关于推进政府向社会力量购买服务工作的意见》，公布了7大类、267项《四川省政府向社会力量购买服务指导目录》。此外，我省还出台了《2015年"互联网+"重点工作方案》，在13个领域、51项重点工作中深度探索"互联网+"。2015年1月至6月，全省电子商务交易额7 686.2亿元，同比增长31.8%。

激活创新创业主体

海外高层次人才引进441人 人数居西部第一

为支持科技人员支撑创新创业，2014年12月，我省出台了《激励科技人员创新创业专项改革试点的意见》，选取了7家单位（地区）开展政策试点，支持高校、科研院所科技人员经所在单位批准兼职或离岗创新创业并取得合法收入。规定职务科技成果的转化收益按至少70%的比例划归成果完成人及其团队所有。同时开展科技成果"三权下放"等激励政策试点。

数据显示，截至2015年5月，7个试点单位兼职取酬科技人员总数达495名；147名科技人员兼职创办、领办科技型企业52家；28名科技人员离岗创办、领办科技型企业20家，资产近3亿元。

而在高端人才引领创新创业上，截至目前，四川已吸引留学回归人员约6万人，本省海外高层次人才引进计划引进人才441名，其中144人入选国家"千人计划"，人数居西部第一。涌现出邹学明、李进、吴卫平等创新创业典型。

青年人才投身创新创业同样成为热潮。官方数据公布，2015年1月至7月全省共促进6 515名大学生创业，完成全年目标的81.4%；先后涌现出阿里巴巴上市"敲钟女孩"王淑娟、地震灾区飞出来的"电商凤凰"赵海伶、黑盒子"技术狂人"施友岚等青年创新创业典型。

此外，从工商、税收、信贷、土地、创业服务等提出"一揽子"扶持政策，鼓励返乡农民工进入孵化基地创业并提供场地租金优惠和跟踪扶持等服务。近两年全省累计新增返乡创业农民工 10.4 万人，创办企业 1.38 万个，带动就业 6.9 万余人。

建立多层次金融服务体系

全国率先成立 8 家科技支行

创业启动后，获得可持续的融资十分重要。

为支持种子期、初创期的科技型中小微企业发展，我省探索设立四川省创新创业投资引导基金，通过市场机制引导社会资金和金融资本支持创新创业，拓宽创新创业投融资渠道。同时还建立全省科技金融工作联席会议制度，定时、定点组织开展银企对接会活动，形成常态化银企对接合作机制。在全国率先成立了 8 家科技支行，积极开展知识产权质押融资和科技小额贷款试点。大力推广"盈创动力"科技金融服务模式，积极构建股权融资、债权融资、增值服务三大服务体系。在我省定期举办的中国（西部）高新技术产业与金融资本对接推进会已成为全国有影响力的科技金融品牌活动。涌现出以四川省银科对接信息服务平台、成都市科技金融服务平台、盈创动力科技金融服务平台为代表的专业化应用服务平台。

数据显示，截至 2014 年年底，盈创动力服务平台已累计为上千家中小企业提供担保融资超过 130 亿元，为 60 余家中小企业提供天使投资、创业投资、私募股权投资等超过 40 亿元。

强化支撑引导效能

培育企业技术创新主体地位

为加强对中小企业创新的财政和金融支持，强化企业技术创新主体地位，我省出台了《培育企业创新主体专项改革方案》。围绕新一代信息技术、新能源、节能环保等 15 个专项，5 年来省级财政累计投入资金 18.4 亿元，累计实施科技成果转化项目 1 500 个，带动企业投入 200 亿元，培育形成 602 个战略新兴产品。

2015 年，省级财政下达科技型中小微企业技术创新资金 7 000 万元，重点支持科技型中小微企业发展。实施重大科技项目，2015 年由企业单独或牵头承担的 100 万元以上的省级科技项目达 339 项，经费 5.21 亿元，占重大科技项目的 79%。同时我省还实施产学研用协同创新工程，建成北斗导航、无人机、科技云服务、新能源汽车等产业（技术）创新联盟 101 个，新建省级产业技术研究院 10 家和一批各具特色、与产业紧密结合的新型研发组织。

营造良好创新创业环境

前三季度全省新登记市场主体 47.17 万户

中国创新创业大赛（四川赛区）、"英创杯"国际创业大赛、四川青年创新创业大赛、成都"创业天府·菁蓉汇"……今年绝对称得上是四川的创新创业年。近年来，我省通过开展系列众创品牌活动，为创新创业者们提供了展示平台。此外，为营造良好的创业环境，我省深化商事制度改革，积极推行"先照后证"试点，除涉及市场主体机构设立的审批事项及依法予以保留的外，其余涉及市场主体经营项目、经营资格的前置许可事项，不再实行先主管部门审批、再工商登记的制度。

数据显示，今年前三季度，全省新登记市场主体 47.17 万户，同比增长 14.02%；新增科技型中小微企业 1 万家以上，同比增长超过 45%。为加强知识产权保护，《进一步提升全省专利申请质量的实施意见》《加强职务发明人合法权益保护促进知识产权运用的实施意见》《专利权质押贷款管理办法》等政策相继出台。官方数据显示，2014 年全省获得专利授权 4.71 万件，同比增长 24.4%；40 项成果获 2014 年度国家科技进步奖，居西部第一；2015 年 1 月至 6 月，全省申请专利 3.92 万件，同比增长 32.47%；其中申请发明专利 1.42 万件，同比增长 46.53%，居全国第八、西部第一。

资料来源：仲健鸿. 四川全面推进大众创业万众创新　打造经济社会发展新引擎 [EB/OL]. （2015-11-03）[2016-11-06]. http：//www. sc. cinhuanet. com/content/ 2015-11/06/c_ 1117058859. html.

总结提要

1. 公共经济政策是指政府在一定时期内为实现特定任务和战略目标而制定的组织、调节、控制公共经济活动的行为规范和措施。

2. 公共经济政策的目标就是政府制定和实施公共经济政策所要达到的目的。各个国家制定和实施公共经济政策的总目标不尽相同，但一般来讲，都会围绕着"经济增长目标、通货膨胀目标、就业目标和国际收支目标"展开。

3. 公共经济政策工具主要包括财政政策、货币政策、汇率政策、产业政策、投资政策、就业政策、收入分配政策和价格政策等。

4. 财政政策是指政府为了调节总需求变动及总需求与总供给之间的关系，而调整财政收支规模和保持收支平衡的指导原则及相应措施的总称。财政政策是由预算政策、税收政策、支出政策和公债政策等构成的一个政策体系。财政政策工具也称财政政策手段，是指政府为实现一定财政政策目标而采取的各种财政手段和措施，它主要包括预算、税收、公债、政府投资、公共支出和财政补贴等。

5. 货币政策是指中央银行为实现既定的经济目标，运用各种政策工具，调节货币供给和需求，进而影响宏观经济运行的指导原则及相应措施的总称。货币政策工具也称货币政策手段，是指中央银行为实现一定货币政策目标而采取的各种手段和措施。西方国家货币政策工具常用的三大传统手段为法定存款准备金率、贴现率政策和公开市场业务，辅之以道义劝告、行政干预、金融检查等其他调节手段。目前我国使用的货币政策工具有：法定存款准备金、信贷规模、再贷款手段、再贴现、公开市场业务和利率等。

6. 为了达到理想的调控效果，通常需要将财政政策和货币政策配合使用。一般情况下，财政政策与货币政策有四种常见的配合模式：①双紧政策，即紧的财政政策和紧的货币政策配合；②双松政策，即松的财政政策和松的货币政策配合；③紧财政、松货币政策，即紧的财政政策和松的货币政策配合；④松的财政政策和紧的货币政策配合。

7. 汇率政策指政府为达到国际收支均衡的目的，利用本国货币汇率的升降来控制进出口及资本流动的指导原则及相应措施的总称。在我国，汇率政策是改革和开放政策的关键要素。

8. 产业政策是政府为了达到一定的目的，通过制定产业结构调整计划、产业扶持计划等手段，来引导产业发展方向，推动产业结构升级，协调产业结构的指导原则及相应措施的总称。

9. 就业政策是政府为了解决现实中劳动者就业问题而制定的指导原则及相应措施的总称。

10. 收入分配政策是政府针对居民收入水平高低、收入差距大小等问题，在收入分配领域制定的指导原则及相应措施的总称。

复习思考题

1. 简述公共经济政策的目标及其主要内容。
2. 简述公共经济政策工具的分类及其主要内容。
3. 财政政策和货币政策应该如何组合？
4. 结合公共经济政策理论论述"供给侧结构性改革"。
5. 结合公共经济政策理论论述"大众创业、万众创新"。

参考文献

［1］斯密. 国富论［M］. 超值白金版. 北京：中国华侨出版社，2011.

［2］王雍君. 公共经济学［M］. 2 版. 北京：高等教育出版社，2016.

［3］马斯格雷夫，皮考克. 财政政治学译丛：财政理论史上的经典文献［M］. 上海：上海财经大学出版社，2015.

［4］白景明. 公共经济［M］. 北京：人民出版社，1994.

［5］郭庆旺，鲁昕，赵志耘，等. 公共经济学大辞典［M］. 北京：经济科学出版社，1999.

［6］齐守印. 中国公共经济体制改革与公共经济学论纲［M］. 北京：人民出版社，2002.

［7］刘海藩. 现代领导百科全书：经济与管理卷［M］. 北京：中共中央党校出版社，2008.

［8］代鹏. 公共经济学导论［M］. 北京：中国人民大学出版社，2005.

［9］张维迎. 博弈论与信息经济学［M］. 上海：上海人民出版社，2012.

［10］赵建国，吕丹. 公共经济学［M］. 北京：清华大学出版社，2014.

［11］科斯. 企业、市场与法律［M］. 盛洪，陈郁，译. 上海：格致出版社，2009.

［12］奥尔森. 集体行动的逻辑［M］. 上海：上海人民出版社，2003.

［13］中华人民共和国国务院新闻办公室. 中国的军事战略［M］. 北京：人民出版社，2015.

［14］马歇尔. 经济学原理［M］. 海口：南海出版公司，2007.

［15］庇古. 福利经济学［M］. 北京：华夏出版社，2013.

［16］高培勇. 财政学［M］. 北京：中国财政经济出版社，2004.

［17］凌岚. 公共经济学原理［M］. 武汉：武汉大学出版社，2010.

［18］裴育. 公共经济学［M］. 大连：东北财经大学出版社，2011.

［19］高培勇，崔军. 公共部门经济学［M］. 北京：中国人民大学出版社，2011.

［20］陈共. 财政学［M］. 北京：中国人民大学出版社，2002.

［21］阿罗. 社会选择与个人价值［M］. 2 版. 上海：上海人民出版社，2010.

［22］麦克纳特. 公共选择经济学［M］. 2 版. 长春：长春出版社，2008.

［23］缪勒. 公共选择理论［M］. 北京：中国社会科学出版社，2011.

［24］窦喜生. 政府收支分类新解［M］. 北京：新华出版社，2006.

［25］熊伟. 美国联邦税收程序［M］. 北京：北京大学出版社，2006.

[26] 孟德斯鸠. 论法的精神 [M]. 北京：中国政法大学出版社，2003.

[27] 蔡昌. 税收原理 [M]. 北京：清华大学出版社，2010.

[28] 高培勇. 公债经济学导论 [M]. 长沙：湖南人民出版社，1989.

[29] 李嘉图. 政治经济学及赋税原理 [M]. 周洁，译. 北京：新世界出版社，2003.

[30] 姚彤. 新《预算法》解读 [M]. 南京：东南大学出版社，2015.

[31] 刘诗白，邹广严. 新世纪企业家百科全书：第1卷 [M]. 北京：中国言实出版社，2000.

[32] 厉以宁. 西方经济学 [M]. 北京：高等教育出版社，2000.

[33] 徐衣显. 转型期中国政府经济职能研究 [M]. 北京：中国财政经济出版社，2007.

[34] 李晓西，等. 中国货币与财政政策效果评析 [M]. 北京：人民出版社，2007.

[35] 李裕. 我国改革开放以来财政政策和货币政策的配合研究 [M]. 上海：上海财经大学出版社，2008.

[36] 杨晓华. 中国财政政策效应的测度研究 [M]. 北京：知识产权出版社，2009.

[37] 刘伯龙，竺乾威. 当代中国公共政策 [M]. 上海：复旦大学出版社，2009.

[38] 陈振明. 公共政策分析 [M]. 北京：中国人民大学出版社，2011.

[39] 高培勇，崔军. 公共部门经济学 [M]. 北京：中国人民大学出版社，2011.

[40] 樊勇明. 公共经济学导引与案例 [M]. 上海：复旦大学出版社，2003.

[41] 凯恩斯. 就业、利息和货币通论 [M]. 北京：光明日报出版社，2010.

[42] 高培勇. 公共经济学 [M]. 3版. 北京：中国人民大学出版社，2012.

[43] 郭庆旺，赵志耘. 财政学 [M]. 北京：中国人民大学出版社，2002.

[44] 凯恩斯. 就业、利息和货币通论 [M]. 西安：陕西人民出版社，2003.

[45] 郑万军. 公共经济学 [M]. 北京：北京大学出版社，2015.

[46] 戴文标. 公共经济学 [M]. 北京：高等教育出版社，2015.

[47] 黄新华. 公共经济学 [M]. 北京：清华大学出版社，2014.

[48] 卢洪友. 公共部门经济学 [M]. 北京：高等教育出版社，2015.

[49] 中级经济师考试辅导用书编写组. 中级经济师：财政税收专业知识与实务 [M]. 北京：高等教育出版社，2015.

[50] 中国企业管理百科全书编辑委员会中国企业管理百科全书编辑部. 中国企业管理百科全书：增补卷 [M]. 北京：企业管理出版社，1990.

图书在版编目(CIP)数据

公共经济学/臧文君,张超主编.—成都:西南财经大学出版社,2017.7
ISBN 978 - 7 - 5504 - 3041 - 9

Ⅰ.①公…　Ⅱ.①臧…②张…　Ⅲ.①公共经济学—网络教育—教材
Ⅳ.①F062.6

中国版本图书馆 CIP 数据核字(2017)第 135071 号

公共经济学

主　编:臧文君　张超

责任编辑:廖韧
助理编辑:张春韵
封面设计:穆志坚　张姗姗
责任印制:封俊川

出版发行	西南财经大学出版社(四川省成都市光华村街 55 号)
网　　址	http://www.bookcj.com
电子邮件	bookcj@ foxmail.com
邮政编码	610074
电　　话	028 - 87353785　87352368
照　　排	四川胜翔数码印务设计有限公司
印　　刷	郫县犀浦印刷厂
成品尺寸	185mm ×260mm
印　　张	7
字　　数	150 千字
版　　次	2017 年 7 月第 1 版
印　　次	2017 年 7 月第 1 次印刷
印　　数	1—2000 册
书　　号	ISBN 978 - 7 - 5504 - 3041 - 9
定　　价	18.00 元